Juan Alberto Yaría

DROGAS, POSTMODERNIDAD Y REDES SOCIALES

Editorial LUMEN
Viamonte 1674 - 1055 Buenos Aires
☎ 4373-1414 (líneas rotativas)
Fax (54-11) 4375-0453
E-mail: editorial@lumen.com.ar
República Argentina

UNIVERSIDAD DEL SALVADOR
Rodríguez Peñs 714
1020 - Buenos Aires
Tel.: (54-11) 4811-5239/4813-3353
Argentina

Colección: Temas actuales

Directores: P. Luis Glinka
Diseño de tapa: Oscar Sánchez Rocha
Armado: Liliana Rodriguez
Coordinación gráfica: Lorenzo Ficarelli

ISBN 950-724-922-2

LIBRO DE EDICIÓN ARGENTINA
PRINTED IN ARGENTINA

Agradecimientos

A todo el personal de la Secretaría de Prevención y Asistencia de las Adicciones de la Provincia de Buenos Aires por su dedicación al trabajo y por las ideas que me sugirieron en la estructura de este libro, y en representación del personal técnico al Lic. Fidel Amat, la Lic. Marta Villegas y a dos personas que han colaborado estrechamente, la señora Carla Degiglio como secretaria privada y correctora, y el Dr. Ernesto González por la gestión permanente al servicio de esta empresa editorial.

Al Instituto de Prevención de la Drogadependencia de la Universidad del Salvador en la persona del Dr. Guillermo Fernández, y a su vez al Lic. Raúl Motta ya que algunos conceptos suyos están en este libro.

Dedicado a

Mis tres hijos, Leandro, Sebastián y Esteban,
frutos y promesas de amor.

INTRODUCCIÓN

Paradigma de nuestra acción

1. Cabalgamos una crisis de drogas en un contexto turbulento

La crisis de drogas aparece asociada a cuatro factores históricamente evidenciados: *sobreoferta* de productos o sustancias químicas legales y/o ilegales que lenta o súbitamente aparecen en la comunidad, interesando especialmente a los más jóvenes o a los grupos más desprotegidos de la sociedad (carencias educativas, sociales, desmembramiento familiar); *aparición de enfermedades* o sucesos vinculados a este consumo (enfermedades infecto-contagiosas, por ejemplo); ganancias ilegales asociadas a este comercio, que hacen mella en la moral de los barrios, pueblos y ciudades bajo cierta protección o ceguera de algunas autoridades de control; y, por último, una *alarma social* que se puede transformar en pánico colectivo y lleva a situaciones de extrema violencia hacia adictos o distribuidores.

Esta crisis desembocó —en varios países— en una epidemia. La epidemia necesita para desarrollarse no sólo un marco de oferta de sustancias psicoactivas, sino factores de orden cultural que la motorizan. El Prof. Edgard Morín, en su trabajo denominado "Una política para la civilización", nos enseña que "las enfermedades no solo tienen una entrada somática y/o psíquica sino también civilizacional y social". Más allá de las crisis que plantean la globalización y la planetarización en la vida concreta de los seres humanos, existen articuladores en el campo de la opinión pública y de la mercadotecnia publicitaria para transformar una crisis de drogas en epidemia, de acuerdo con experiencias de varios países.

En primer lugar, deben existir *líderes intelectuales* que prioricen el placer momentáneo que se consigue con las drogas, en detrimento de los riesgos físicos y psíquicos de su consumo. Estos líderes generan un efecto importante sobre los formadores de opinión de una sociedad (periodistas, profesores, empresarios, etc.), aunque en primera instancia no lo hacen sobre la masa poblacional.

En segundo lugar, aparecen en escena *líderes sociales* que publicitan su consumo o que, por distintas vías publicitarias, la comunidad conoce sus hábitos de consumo. Esta noticia está ligada a un momento estelar del ídolo. En este caso, observamos una acción muy fuerte sobre la sociedad. De acuerdo con el liderazgo social que esté implicado, encontramos efectos determinados. Algunos actúan fragmentariamente sobre ciertos grupos poblacionales, especialmente sobre los jóvenes. Otros se conectan con grupos marginales (por ejemplo, "barras bravas" en el fútbol).

El último paso es cuando toda esta operatoria social tracciona *sobre la población juvenil y sobre los sectores más desposeídos.* En este último caso, la droga genera una ingeniería económica en sectores muy vulnerables del tejido social. La vulnerabilidad de estos sectores no es solo económica, sino afectiva y con gran desmembramiento familiar y de sus redes sociales de contención. Entonces, vemos otro tipo de efectos: una ingeniería de la felicidad artificial y una ingeniería de pertenencia a grupos sociales determinados. Siendo precisamente estos valores (felicidad e identidad) los más críticos en poblaciones sin proyecto ni esperanza.

Esta crisis de drogas y la epidemia se dan en un *contexto turbulento.* Si algo caracteriza a la sociedad actual, es la inestabilidad de los vínculos afectivos, de pareja y matrimoniales. Las redes próximas, eje del amparo social, o sea la familia, el barrio, las pertenencias religiosas, las escuelas, se resienten frente al torbellino de lo que podemos llamar una *mutación generalizada. Mutaciones sociales,* por un lado, con una gran movilidad de empleos, cambios de profesiones y con cambios geográficos permanentes de acuerdo con la circulación de las inversiones y el capital. A su vez, observamos *mutaciones tecnológicas* en las que la revolución de la información afecta diariamente nuestras vidas desde el aparato televisivo que invade nuestro mundo perceptivo y nuestras creencias hasta la robótica que afectó la relación hombre-máquina.

No debemos olvidar las mutaciones culturales en donde —como impacto de la mundialización— cambian las costumbres, los estilos de vida, así como mejora el nivel de vida en algunas poblaciones y se deteriora en otras. La competencia para las actividades ha aumentado y se ha transformado en competitividad social, que ha dado lugar a un crecimiento del individualismo. El sector terciario y de servicios ha cambiado la problemática del empleo y se cree que a principios del año 2000 el 75 % de la población tendrá esta actividad.

El último elemento que favorece la turbulencia es la *mutación económica*: el empleo de por vida parece hoy una ilusión, ya que hay cambios de escenarios permanentes, especialmente de tipo financiero, que atraviesan distintas localidades del globo y afectan de distintas maneras nuestro futuro y nuestro horizonte. A su vez, hay concentración y/o fusión de empresas en función de la adaptabilidad a los nuevos mercados. La actualidad muestra el auge del capital financiero sobre el capital económico, circulando aquél globalmente por vías del dinero electrónico. El poseer recursos financieros y que no salgan de un país o región se ha convertido en una estrategia básica de supervivencia.

El Prof. Edgard Morin, en el artículo citado anteriormente, nos enseña que existe una *doble lectura* de estas mutaciones: una lectura que podemos llamar positiva (o sea que es una conquista de la civilización) y una que podríamos llamar negativa (que, de no controlarse, contribuirá a la barbarie de la civilización).

Menciona cuatro hechos típicos de este fin de siglo, con su revés negativo:

a) La eclosión del individuo: o sea, la conquista de la autonomía de la persona humana ante poderes anónimos y alienantes; el hombre de hoy tiene más posibilidades de desarrollar su personalización creativa. Pero, al mismo tiempo, surgen el individualismo, el agravamiento de las soledades, la incomunicación de las existencias, la atomización de las personas, la errancia de los amores y la fragilidad de los matrimonios que dejan a la intemperie a los hijos.

b) La técnica: la máquina, hasta las de última generación, permiten una mayor interconexión entre los seres humanos, el descenso del umbral de trabajo y esfuerzo manual humano, pero al mismo tiempo ayuda a la pérdida del lazo humano e interpersonal entre los seres humanos. La técnica asociada a un pensamiento bárbaro, en lugar de incluir a los seres humanos, es una máquina de exclusión y de desintegración social.

c) La importancia del dinero y de su circulación: nunca como hoy se ha desarrollado tal intercambio entre los pueblos y regiones, lo cual es un dato positivo, pero al mismo tiempo surge una monetarización de la existencia, creando esto la idea de que la vida es sólo una sobrevivencia. El hombre pierde la dimensión real del vivir, que debería estar asociada a la poesía, o sea a la solidaridad y al altruismo, resintiendo esto en la sociedad el servicio gratuito, el don, el voluntariado social, la amistad y la fraternidad. O sea, se deteriora el capital humano más importante: el amor.

d) El desarrollo: eje de la conquista de la naturaleza para lograr un bienestar superior que se trocó, en algunos casos, en depredación de la ecología y de la calidad humana.

El revés de la mundialización genera una nueva barbarie que, si se une a la barbarie histórica que el hombre ha mostrado, incluso en este siglo, con el nazismo, el estalinismo, las guerras, los diversos genocidios nacionales e internacionales y la frialdad con que se ejecutan políticas de exclusión, puede ser, siguiendo el pensamiento de Morin, una civilización no sustentable, con alto índice de enfermedades sociales.

El optimismo de Morin surge del intento de trabajar sobre este (como él lo llama) "malestar de las ciudades", en una verdadera política de la civilización que es la reconstitución del tejido social en su base misma desde una posición ética: responsabilidad, como ciudadanos, de todo aquello que les pasa a todos los ciudadanos, y solidaridad efectiva que implique una religación de la parte afectada con el todo social, porque es este todo social el que se halla afectado.

Pero es indudable que vivimos en un contexto turbulento, ya que incluso nuestro pensamiento y nuestra afectividad no están preparados para esta movilidad permanente de escenarios, espacios, para la velocidad temporal con que acaecen los acontecimientos. Incluso se conmueve el propio edificio de las ciencias sociales y económicas: ¿quién predijo la caída del Muro de Berlín? ¿Quién predijo el "efecto tequila" o la crisis asiática? En este contexto de cambio, de complejidad de saberes y de actores sociales en cada hecho, y *de radical incertidumbre sobre el mañana,* acaecen como efecto la crisis de drogas y la posible epidemia. El aspecto positivo de la crisis puede significar una reconexión con el sentido de la vida personal y comunitaria que, quizás, las drogas delatan.

2. Vivimos en una sociedad compleja

La complejidad anuncia la caída de paradigmas que convivieron con nosotros desde nuestra educación inicial.

La complejidad rompe con nuestro pensamiento centrado en una causalidad lineal, en donde un fenómeno es explicado por una vía excluyente y exclusiva. Los saberes fragmentados caen y ceden frente a una lectura permanente del contexto. Los problemas son transversales, rompiendo con la idea de lo unilineal sin conexión con el resto.

El modo escolar de aprendizaje ha sido cerrado y fragmentado; hoy se hace cierto aquel lema de Pascal: "Para comprender las partes hay que comprender el todo"; o el dicho actual: "El todo es mayor que la suma de las partes."

La estructura clásica del pensamiento, basada en la disyunción, la separación hasta la reducción a las causas últimas, cede frente a la conjunción, la religación de algo con el todo, la integración del sujeto consigo mismo a través de la autoconciencia y con los otros a través del principio de inclusión, en donde cada uno se puede incluir en el otro y en donde al mismo tiempo lo puede incluir en sí mismo. Surge así, según Morin, un doble movimiento humanizador de comprensión y de altruismo.

La complejidad biológica, con sus múltiples receptores químicos y eléctricos que interactúan y retroactúan, es un hecho. En el hombre, ser en la cultura, esto adquiere aun mayor fuerza. La asunción de la complejidad augura la existencia de un nuevo paradigma; esto es una nueva manera de pensar la realidad social. Socialmente existen fenómenos que están articulados unos con otros en una circularidad cibernética. La drogadependencia no tiene autonomía en relación con el narcotráfico, la crisis de valores o el problema de la miseria económica o moral de cierta parte de la ciudadanía. Hay que inteligir el todo en su complejidad para entender ese fenómeno aparentemente aislado que es la drogadependencia.

En una sociedad compleja, las estructuras piramidales fracasan cuando intentan ordenar el flujo turbulento de las interacciones. Triunfan las estructuras flexibles en red. El mundo complejo necesita estructuras de gestión en red, o sea circulares. El triángulo eje de un pensamiento piramidal se hace círculo para articular las demandas. Una estructura burocrática piramidal pervivirá sólo en la medida en que sepa adaptarse a la complejidad.

En una óptica compleja desde lo social, debemos buscar la creación de nodos facilitadores de todos los actores y sectores que participen en un fenómeno dado. La articulación es un elemento clave, así como la percepción global del contexto en donde suceden los acontecimientos. El propio trabajo con la complejidad nos lleva a comprender el fenómeno global en que el fenómeno local está actuando y trabajando sobre lo local, y esto retroactúa sobre lo global.

La dinámica global/local/global forma parte de cualquier acción preventiva y/o asistencial, ya sea en un barrio, en una escuela, etc. Un pensamiento global sin generar redes desde lo local cae en un "intelectualismo" que sólo es capaz de hacer diagnósticos, siendo esto tan negativo como un trabajo local que no tiene en cuenta lo global.

Las complejidades sociales necesitan de principios de organización. Aun en sectores críticos y que parecen absolutamente caóticos, existen movimientos autoorganizados que habrá que apoyar, apuntalar e interconectar: grupos barriales, familiares, vecinales, clubes, iglesias, etc.

Pero, además, la complejidad, al unir en el tejido social constituyentes diversos asociados de forma inseparable, necesita una nueva forma de comprensión.

Como citamos antes, la trama compleja de orden, desorden y organización genera una verdadera crisis de comprensión. Esta crisis nos impide ver el contexto, nos enceguece. Es lo que Morin denomina la "inteligencia ciega".

Unir en la tarea concreta de la formación de redes la economía, la demografía, la ecología, el desarrollo de una comunidad, el empleo y el desempleo, los circuitos ilegales de venta y distribución de estupefacientes, etc., es un ejercicio constante de comprensión contextual para poder actuar en lo local.

Cada *líder para el cambio,* en sí mismo, debe realizar esta reforma del pensamiento para responder a los desafíos de la complejidad.

3. La epidemia y el fortalecimiento de las redes sociales

La epidemia se nutre de la sobreoferta de drogas legales e ilegales que son promovidas no sólo a través de puntos de venta comerciales, también ilegales, sino por medio de una estrategia comunicacional y cultural que busca crear una aceptación social del consumo.

Así se unen críticamente una ingeniería económica que lamentablemente funciona, y que llega a la intimidad de nuestras comunidades, y la creación de una cultura de la banalización de los riesgos del uso de drogas. Este último elemento genera una pérdida de la conducción educativa por parte de los padres; esto se nota claramente con la marihuana. Vemos que en determinadas poblaciones esta droga no es vivida como dañina, pues se toman como base creencias populares y canciones que la vulgarizan.

Pero la epidemia, si bien reconoce estos dos factores, necesita de un tercero, que tiene que ver con situaciones de vulnerabilidad. La "vulnerabilidad" es un concepto médico que surge en la década del '50 ligado a la prevención de enfermedades cardiovasculares. Así, se decía que una cierta exposición a factores de riesgo generaba una vulnerabilidad específica a ciertas enfermedades, por ejemplo a las referidas anteriormente. Este concepto luego se amplía al estudio de las vulnerabilidades sociales que predisponen a las enfermedades sociales.

En relación con la eclosión de una epidemia de drogas se habla de cuatro tipos de vulnerabilidades:

a) Individual:

a. 1) crisis puberal y adolescente que transcurre en derredor de una familia con alta desorganización o inexistente;

a. 2) uso temprano de alcohol y/o drogas;

a. 3) redes sociales inadecuadas en la adolescencia (falta de pertenencia a grupos juveniles, barriales, culturales, etc.);

a. 4) déficit en la escolarización por repitencia continua y/o abandono escolar;

a. 5) existencia de una psicopatología ligada a fenómenos de carencialidad afectiva o a fenómenos de descarga impulsiva y/o agresiva antisocial;

a. 6) uso de drogas en personas que tendrían que haber funcionado como modelos infantiles (padres, hermanos u otros familiares);

a. 7) haber estado expuesto a situaciones de violencia y/o sadismo familiar;

a. 8) falta de percepción por la juventud de las consecuencias dañinas del abuso de drogas por déficits en la educación preventiva comunitaria, escolar y familiar.

b) Familiar:

b. 1) historia de alcoholismo y drogadependencia en general, así como comportamientos antisociales en la familia;

b. 2) uso de drogas por parte de padres y hermanos;

b. 3) familias multiproblemáticas (según la clasificación del Prof. Luigi Cancrini), en las que coexisten distintas patologías sociales en su seno (por ejemplo, enfermedades infecto-contagiosas, parientes en prisión, etc.).

c) Comunitaria o anomia social:

c. 1) alta disponibilidad de drogas y alcohol;

c. 2) falta de control de alcoholemia a los conductores de automóviles en rutas o ciudades;

c. 3) bajo precio del alcohol y/o drogas con una sobreoferta de productos, e incluso en el alcohol con una gran estimulación publicitaria;

c. 4) no se respetan las edades mínimas para el consumo y no se controlan los puestos de venta de sustancias ilegales.

c. 5) crisis de valores comunitarios y de transmisión de los mismos a las nuevas generaciones, generándose sólo una apuesta valorativa en derredor del consumo y el hedonismo;

c. 6) pobreza crítica con exclusión social dentro de un contexto de falta de movilidad económica, lo cual favorece la ingeniería económica de la droga en sectores marginales y fomenta la eclosión de mafias locales que luego se interconectan con mafias regionales y globales;

c. 7) situaciones dentro de la escolarización y en distintos espacios sociales en donde las pequeñas violencias no son sancionadas desde la primera infancia, o directamente son justificadas o racionalizadas delegando la responsabilidad individual del que cometió el exceso impulsivo en terceras personas abstractas (el sistema, la exclusión social, etc). De esta manera, van surgiendo masivamente personas inmaduras y explosivas que han sufrido los déficits de la educación social.

d) A través del grupo de pares:

d. 1) uso de drogas en los grupos de amigos, así como abuso de alcohol;

d. 2) presiones sociales negativas que conduce a la violencia, entre ellas la pertenencia a tribus urbanas;

d. 3) grupos sociales en los que está incluido un adolescente con déficits de socialización escolar y/o familiar, además sin empleo; terreno éste que predispone a la manipulación delictiva y antisocial.

Existen además otras dos vulnerabilidades que adquieren importancia:

Una de ellas es la vulnerabilidad *residencial*: vivir en complejos habitacionales o en barrios en donde hay una oferta flagrante de drogas altera todo el circuito normativo y la socialización de los niños, con lo que se incrementa el riesgo.

La última vulnerabilidad importante es la cultural. Quizás ésta sea la más importante, ya que en muchos casos el adicto de hoy es la caricatura más clara de la cultura hedonista y consumista que nos propone la postmodernidad. El adicto dentro de esta perspectiva es el término final de una larga endoculturización en donde creció sin vínculos estables y sólidos, sin transmisión de valores y rodeado por la burbuja electrónica televisiva en un marco de gran carencia afectiva.

En todo este contexto crece la epidemia en donde el contagio es psicosocial y resulta una combinación de sobreoferta, aceptación social y vulnerabilidades varias.

Hoy prevenir las drogas es quizás la utopía más clara y realizable para movilizar a una sociedad narcotizada en los disvalores del consumismo y el hedonismo, única perspectiva de la existencia.

Esta red surge de la capacitación de mediadores sociales, o los llamados por nosotros líderes para el cambio, que se nutren desde distintos espacios sociales de mediación (escuelas, organizaciones sociales, centros religiosos, universidades, espacios juveniles, movimientos políticos, sectores judiciales y de seguridad, de comunicadores sociales, etc.). Todas estas redes forman el frente comunitario preventivo, base de una cultura preventiva y, a su vez, de la detección precoz así como de un control social en las localidades. Este frente comunitario preventivo está articulado en cada localidad con la red asistencial, eje de una política de reducción de la demanda y de la baja de la prevalencia de estas enfermedades.

Este libro intenta dar cuenta de todo este movimiento de redes sociales en el contexto postmoderno de las drogas.

CAPÍTULO I

EL ADICTO, ENTRE LA COMPLEJIDAD Y LA INCERTIDUMBRE

Si dos rasgos son claramente visibles en la postmodernidad, ellos son la incertidumbre y la complejidad. La caída de las utopías hegemónicas, especialmente desde la caída del Muro de Berlín, crea una situación donde las certidumbres se disuelven y generan, siguiendo una idea de Ortega y Gassett, una crisis de creencias.

Creencia es aquello con que se cuenta, sin que la persona o la comunidad lo sienta conscientemente. Las creencias están ahí, a la mano. Forman parte de mi mundo. Por algo en el idioma de Ortega esta crisis de creencias es consecuente con una crisis cultural. La ruptura de la solidez del mundo creencial conlleva distintas emociones; en un principio las comunidades o las personas individualmente se sienten desorientadas. Se busca una orientación. A esto luego le sigue, como un escalón final, la desesperación.

La esperanza es la matriz de cualquier proyecto humano. Sobre esta debacle de certidumbres y creencias surge la incertidumbre ligada a la complejidad, pero por otro lado nos muestra una realidad plasmada cibernéticamente. Las respuestas simples ya no sirven. La causalidad lineal cede ante la complejidad sistémica.

Ningún orden humano está asegurado. Los sistemas sociales y los vínculos humanos están en un continuo interjuego entre el desgaste y el deterioro (entropía) y los procesos de desarrollo y crecimiento.

Contextos turbulentos

Los flujos permanentes de información y los contextos turbulentos cambian permanentemente los escenarios. Las organizaciones y las personas deben adaptarse y sobrevivir a una circulación de la información incesante, con mensajes en muchos casos contradictorios. El dinamismo de los cambios lleva a una continua metamorfosis de los sistemas. El hombre debe realizar un análisis en donde la reomorfología permanente de todas las organizaciones (instituciones, familia, escuela, iglesia, etc.) lo lleva a un ejercicio de flexibilidad y a la creación de una inteligencia que debe realizar una lectura permanente de la dinámica de los contextos.

1. La desestabilización acelerada de las personalidades

La crisis que instala la postmodernidad implica una ruptura de la cadena de mediaciones que tradicionalmente socializaron al ser humano. O sea que están en juego las posibilidades de integración social de vastos sectores humanos. Desde un punto de vista antropológico el pasaje de "infans" a la persona libre y autónoma se halla comprometido.

Siguiendo ideas del Dr. Carlos Slutzky las redes más próximas que presiden el desarrollo humano se hallan rotas, escoriadas. La familia y la escuela, junto con las lealtades barriales y comunitarias, expresadas ya sea en lo deportivo y lo creencial, son las bases de nuestra organización de la realidad y a la vez testigos de nuestro crecimiento.

A la vez Slutzky nos enseña que esas redes próximas son la base de la inmunización psicoafectiva en nuestro transcurso evolutivo.

Redes estables, confiables, dialogantes y sensibles

Son las "vacunas" que la cultura nos proporciona para sostenernos en el mundo. Esas redes deben ser: *estables, confiables, dialogantes y sensibles*. Esto aseguró, en la historia del "homo sapiens" la regulación de las conductas y un control social necesario para una conducta ciudadana. La mutación acelerada que estamos viviendo genera una crisis de estas estructuras de mediación, o sea de las redes más próximas.

Va surgiendo, al decir del Dr. Raúl Motta, un niño que crece a la intemperie, y a la vez un hombre a la intemperie. Así crece un niño en soledad, con un gran desamparo emocional por la ausencia de vínculos simbólicos interpersonales. Los vínculos humanos se deterioran rápidamente, se desestabilizan las uniones matrimoniales y ya nada es seguro en este campo.

El niño queda solicitado desde redes telemáticas, visuales y tecnológicas con mensajes altamente contradictorios que estimulan su precocidad, pero no su madurez.

Ya desde los inicios de su vida, especialmente en la pubertad y la adolescencia, queda cautivo de la cultura de mercado que desde un "jean" hasta el alcohol, le venden objetos y crea un horizonte de vida en donde los valores del tener suplantan los valores del ser. La cultura de mercado instala entonces una ética consecuente con ella que, al actuar sobre un sujeto con escasos vínculos emocionales significativos, lo torna manipulable. La manipulación de conductas y deseos es una nota de este tiempo sobre el fondo de un hombre a la intemperie, vacío de interioridad, y girando orbitalmente frente a los objetos promovidos y prestigiados.

2. El adicto en este contexto

Ya a mediados de este siglo, Ortega nos enseñaba que las crisis culturales son crisis generacionales. Es una quiebra entre generaciones. No hay qué transmitir o lo que transmite pertenece a otro contexto y fomenta un choque generacional sin ningún pacto posible. El pacto generacional es la base de la entrada en la cultura. Esto, dice Ortega, nos deja sin defensas (otra vez aparece la inmunización psicoafectiva que Slutzky citaba) frente a la violencia y favorece las huidas embriagadoras.

Alan Touraine, en su última publicación titulada *¿Podemos vivir juntos?*, nos dice que en "vastos sectores del mundo se debilitan los controles sociales y culturales establecidos por las iglesias, las familias y las escuelas".

Así, prosigue: "La frontera entre lo permitido y lo prohibido pierde su nitidez." De esta manera en una sociedad de producción masiva y diversificada para el máximo bienestar ("welfare state") surge un malestar en la trama misma de los vínculos sociales.

Elogios del vacío

Los relatos del malestar aluden a un elogio del vacío como realización de la libertad sólo entendida desde el arbitrio individualista y no desde la responsabilidad. El permisivismo suplanta a la socialización bajo un marco normativo; normas éstas que son entendidas como represivas y no desde el prisma de lo preventivo. El valor único aceptado y prestigiado es el referido al placer; por ende el mundo de los ideales y valores queda estrechado notablemente siguiendo la lógica del menor esfuerzo. La educación de la voluntad es una mala palabra cuando precisamente en la historia de la humanidad fue el eje para la obtención de la libertad. El mundo de los deberes, por ende de las deudas que tengo con los otros, queda devaluado frente al mundo de los derechos que son entendidos fuera de un marco comunitario. De esta forma se diluyen las responsabilidades de las personas y todos somos víctimas de una abstracción social llamada "sistema", "organización", etc. Los actos siempre quedan impunes porque la libertad responsable está conceptualmente vacía de significado.

La educación genera una personalización hedonista ya que el verdadero valor aceptado y pontificado es el placer.

En este contexto crecen las adicciones. El adicto *resulta ser una caricatura* de este contexto. Es la máxima expresión del elogio al vacío, al tiempo del ya y del yo que son los más valorizados.

Frente a la *complejidad de la actual sociedad* reacciona simplificando al máximo la realidad. Sólo *un* problema tiene su vida todos los días: la dosis. Lo demás no existe. No está preparado psicológica ni simbólicamente para un mundo en velocidad cibernética. Su única respuesta frente a esto es el vértigo. No le enseñaron a pensar. No sabe pensar.

Frente a la *incertidumbre,* otra nota de la cotidianidad, reacciona con la huida, la evasión de la droga: la certidumbre es la evasión embriagante (alcohol, sexo, drogas, juegos, etc).

La incertidumbre lo coloca frente a un vacío que debe llenar con preguntas, con interrogantes. No está preparado para eso. Solo puede dar respuestas simples: drogarse es parte de esas respuestas.

La tarea por realizar

Los sistemas de contención del ser humano se hallan alterados. La tendencia al desarrollo sano de nuestros niños y adolescentes se encamina en muchas circunstancias hacia el deterioro.

El "mal de las ciudades", parafraseando a Morin, necesita —como él mismo lo dice— una "política de la civilización". Esta política de la civilización implica un trabajo que supere los marcos de las terapias individuales y familiares ya que éstas deben incluirse dentro de un amplio trabajo de reconstitución de las redes sociales.

Éste es el significado profundo del *Programa "10.0000 Líderes para el Cambio - Formación de Formadores"* que llevamos adelante en la provincia de Buenos Aires. Buscamos el fortale cimiento de la sociedad civil (escuelas, familias, asociaciones de bien público, fundaciones, medios de comunicación, clubes, iglesias, sociedades vecinales, el fomentismo, movimientos juveniles, etc.), eje del verdadero capital de una comunidad que es su *capital social*, considerando que la cultura es el verdadero motor del cambio y el tejido institucional contenedor de los conflictos sociales y personales.

La epidemia de drogas y de violencia es sólo para nosotros un pretexto para repensar el malestar cultural en el cual vivimos.

Hoy una política de civilización pasa por la pregunta acerca de la educación ¿qué es educar? Ésta parece ser la pregunta esencial y además preguntarnos por la misión del educador familiar, juvenil, social, escolar, político, etc.

La post-modernidad se quedó sin misión, la misión nos replantea el tema de para qué vivo (pregunta del adicto no bien planteada). Desde el ¿para qué vivo?, tema clave de la vocación del hombre de hoy, surge más claramente el cómo vivir.

CAPÍTULO II

LAS REDES SOCIALES Y EL PROGRAMA "10.000 LÍDERES PARA EL CAMBIO"

El hombre se hace hombre en una historia. El hombre se historiza, pero lo hace en una trama de vínculos. Su radical impotencia originaria en la infancia necesita de vínculos especialmente familiares que son verdaderas redes de apoyo y sostén para el crecimiento. Éste es el sistema más próximo que nos recibe, pero además hay macrosistemas que también inciden en nuestro comportamiento.

Hoy se habla de redes virtuales, comunicacionales dentro de la civilización telemática, de flujos en red de dinero que circulan y determinan nuestras vidas. Hay redes de producción. Redes ecológicas o cambios globales en los ecosistemas que inciden en nuestra salud permanentemente.

Estas redes: telemáticas, tecnológicas, económicas, ecológicas son un elemento de intercambio diario en nuestras vidas. Estas redes hoy están en una movilidad permanente ya que con sus flujos de información intensos cambian variadamente la descripción de la realidad o sea la organización de nuestra cotidianidad. En muchos casos la confirman; en otros, la corrigen y en la mayoría de las oportunidades disuelven creencias, estereotipos. El contexto económico, informático, tecnológico genera permanentemente contextos turbulentos que desafían nuestra capacidad de procesamiento y metabolización de la información. Nada parece seguro en este momento.

Es la era del hipercambio en donde lo caótico del proceso redimensiona las soberanías nacionales (los Estados deben integrarse en regiones), identidades tribales y clánicas, delimita el poder de instituciones tradicionalmente transmisoras de sentidos y valores: familia, escuela, prácticas religiosas. El tiempo ha adquirido la velocidad de la transmisión informática o sea información automática siendo superior a la capacidad de procesamiento cerebral y a la velocidad del impulso nervioso.

Estas redes conforman el horizonte macrosistémico que nos rodea. Este horizonte no está lejano en nuestras vidas; incide diariamente desde lo económico (los cambios o crisis en las bolsas de Wall Street o de Japón repercuten en el día en nuestra economía global y en la vida cotidiana), en lo ecológico (un desastre ecológico a miles de kilómetros permite un cambio climático en nuestros lugares), la invasión permanente y continua de informaciones de una punta a otra del globo nos mundializa pero también nos confunde. Surge un nuevo hombre planetario. Se mundializan permanentemente nuestras percepciones.

Esta red "macro", a su vez, está ligada a una civilización que en sus logros (sociedad del bienestar) muestra también sus máximos defectos (cultura del malestar).

La cultura del malestar

El hombre de la Ilustración que se liberaba de los poderes y anunciaba la era de los derechos del individuo degeneró en el individualismo in-solidario y con una incapacidad notable de sostener y fortalecer vínculos. El derecho siempre ligado a un deber comunitario cayó en el individualismo en donde el hombre más que deudor ante el otro (problema del deber) se siente permanentemente acreedor. De esta manera el capitalismo pierde un sentido ético y grandes masas quedan a un costado de la sociedad. La marginación creciente de continentes enteros o de islas dentro de cada comunidad nos muestra la pérdida del vigor de la solidaridad, el voluntariado, la acción gratuita y el don, que son la base de toda comunidad que crece. Se deteriora gradualmente la sociedad civil.

El individualismo va asociado a una monetarización de la existencia vinculada a la cadena de compra-venta de objetos. El valor de lo económico es central en nuestras vidas hoy, y es bueno que así lo sea, siempre y cuando exista una escala de valores superiores que lo enmarquen. La moneda como valor predominante de nuestra existencia anuncia, como lo marcan la mayoría de los pensadores de hoy, una degradación de la vida comunitaria y un deterioro de la moral social.

El desarrollo notable que ha tenido el planeta desde la entrada en acción del sistema capitalista, ya globalizado, en mayor cantidad de bienes al servicio de mayor cantidad de personas que en la antigüedad y, en general, la mayor movilidad social superior a las antiguas sociedades de castas es muy evidente. Pero también el desarrollo deja daños irreversibles en todas las escalas terrestres, daña la biosfera y nuestro planeta vira hacia un cambio climático de características insospechadas. La construcción del desarrollo se ha transformado en depredación en sus efectos negativos.

El individualismo, la monetarización de la existencia y las consecuencias no deseadas del desarrollo son males de la civilización: la cultura del malestar. A esto se le debe agregar la pérdida de fuerza de los grandes sistemas éticos: el judeo-cristianismo y la moral del deber laico kantiano. El *relativismo ético* acompaña a este malestar de la civilización. Es una moral a la medida del yo que a su vez circulariza y dramatiza aun más los problemas de insolidaridad, materialización de la vida y los trastornos en los eco-sistemas.

Las redes macrosistémicas de la llamada sociedad telemática y de los flujos que van y vienen desde redes virtuales se hallan insertas en estos males de la civilización. No puede entenderse la sociedad tecnotrónica si no es desde el horizonte cultural que inaugura o en el cual ella se desenvuelve. Cultura del malestar. Sociedad del bienestar en quiebra y sociedad de la información automática con flujos permanentes que generan centros de decisiones cambiantes deben ser, desde mi punto de vista, por lo menos interrelacionados.

El ser humano crece en este macro-sistema que lo estimula ya desde el *living* de su casa en la masa informacional diaria que recibe; en la escuela, desde la Internet; en los continuos avances de la comunicación y los transportes; en los cambios permanentes de escenarios laborales de sus padres y figuras representativas; en el río en el cual no puede bañarse; en los niveles de contaminación atmosférica; en los cambios de figuras significativas por violencia, abandono; en el sida que inaugura una relación diferente con el otro sexo; en los nuevos modelos sociales que se prestigian sin importar la retórica de la venta de objetos. Estas figuras promovidas a su vez adquieren mayor fuerza que la de sus padres. Así podríamos seguir enumerando los distintos signos desde donde lo "macro" interactúa en la red social más significativa del niño: *su familia.*

Las redes sociales significativas

El impacto del hipercambio que acompaña a la sociedad telemática actúa también sobre las redes más próximas que deberán ser el reaseguro frente a la enfermedad, la marginación y el deterioro del potencial creativo de una persona e incluso también fomenta la sobrevida.

Hay una red social básica que es la familia; desde ella se tejen los vínculos más significativos. El niño adquiere un lugar en una historia familiar y social; es nombrado y pertenece a un clan que ya se transformará en una pertenencia y una referencia frente a otros. Distinguirá el mundo entre el extraño y el familiar, siendo éste el que calmará sus primeros estados de pánico y de miedo desde un olor común, un balanceo, un sonido habitual. Los hermanos en la red familiar harán con él la primera experiencia social de competencia, exclusión, amor, odio, fraternidad, pacto, etc.

La red inicial ayuda a la diferenciación entre el "self" y los otros, base de la primera experiencia no sólo de exploración de la realidad sino de los sentimientos de la vida interior.

La entrada en la escuela inaugura el mundo de lo extrafamiliar en donde la red se amplía a los amigos. Comienza así la expansión de la red que se ensancha enormemente en la escolaridad secundaria. Ya el grupo de pares es esencial para su evolución, como en un primer momento y siempre lo serán los padres y la familia extensa a la cual pertenece.

Al mismo tiempo, comienzan las prácticas sociales y culturales: la experiencia de las redes barriales, del contacto con los sistemas de salud, la experiencia central de lo religioso y el impacto de los modelos comunicacionales.

Ciclo vital familiar y redes sociales

El ciclo vital familiar e individual va acompañado de un movimiento de las redes sociales. Así el noviazgo y el casamiento logra una contracción de la red previa y una expansión de la red con el otro sexo. Las vicisitudes del divorcio, la muerte de un cónyuge o la migración obligan a una readecuación de todos los sistemas sociales de soporte, en muchos casos nunca recuperados en calidad de vínculos y en sostén emocional. La vejez a su vez genera una mayor constricción de la red y el problema del saldo de lealtades logrados en la vida.

Estas redes próximas, cercanas, son la base de nuestra organización de la realidad y son testigos de nuestro crecimiento. Forman el *sistema significativo* que nos hace personas: genealogía familiar, amistades, relaciones de trabajo, estudios, inserción comunitaria, orientación en grupos religiosos, prácticas sociales y deportivas.

Este sistema significativo es fundamentalmente una red vincular que nos historiza y personaliza. Cuando esta red (especialmente la familiar en los primeros 20 años de vida) es *estable, confiable, dialogante* y *sensible* es la más formidable "vacuna", si la hay, frente a las diferentes enfermedades mentales y sociales. La mejor prevención de las enfermedades de la niñez es la mirada cálida de la madre, el diálogo de ésta con su esposo o con los abuelos que rápidamente monitorean el malestar incipiente de la salud.

La red básica tiene que ver con la calidad de vida de las personas y opera como una verdadera inmunización psicoafectiva (como lo muestran las experiencias sobre la carencialidad afectiva de Spitz).

La red social significativa cumple un rol básico de control social, de regulación de las conductas, un papel culturalizador y socializador. La interacción de la red delimita deberes y derechos, neutraliza las desviaciones del comportamiento, controla la violencia, canaliza la agresividad, disciplina la sexualidad y la decreta como exo-gámica.

Esta función de la red se puede observar claramente cuando falta o cuando la familia se cierra al mundo y funciona como un sistema cerrado. El incesto, la violencia vandálica, el alcoholismo, la drogadependencia y el delito infantil abrevan en este tipo de red.

En las familias multiproblemáticas descriptas magistralmente por Luigi Cancrini conviven una ausencia de red con familias inexistentes o con retazos de la misma o una red familiar cerrada y endogámica.

Las familias multi-problemáticas

En estas familias fallan los sistemas básicos de la red; el ya citado de regulación social pero también el apoyo emocional, la guía moral, la ayuda material y el acceso a servicios de salud así como el ofrecerle al niño nuevos contactos y relaciones.

Todas estas son funciones que inmunizan al ser humano psicológicamente.

En las familias multiproblemáticas encontramos:

- disolución del control social;
- fracaso de las figuras parentales identificatorias;
- retraso o abandono escolar;
- no utilización de los servicios de salud y/o sociales;
- falta de contacto con instituciones socializadoras, iglesias, clubes, sociedades de bien público;
- precoz contacto con el alcohol y/o las drogas;
- justificación del delito;
- socialización patológica a través de grupos vandálicos "barras bravas", bandas.

Todo esto, unido al problema de la pobreza marginalizada, genera una *desesperanza vital* que lo hunde aun más.

En realidad las redes significativas estables, seguras y dialogantes fundan una actitud optimista y esperanzada ante la vida ya que enseñan al niño a través de un proceso de transmisión de valores, destrezas y habilidades a generar un protagonismo frente a la realidad, un poder. Somos capaces de nutrirnos, de acceder a servicios y recursos, a explorar con el menor miedo posible la realidad. El joven activado por la red que lo sustenta es activo frente a la realidad. Es protagonista. Actor social. El marginal se siente un espectador estafado por el mundo adulto del cual busca vengarse a través de figuras paternas sustitutivas. Su vida es una "vendetta" continua. Traición y venganza y para ello utiliza la violencia contra sí o contra otros. No puede actuar, sólo reacciona. En realidad no está preparado para controlar un mundo que no entiende y a quien nadie lo entrenó para hacerlo.

Es un círculo cerrado de falta de poder (por pobreza material pero fundamentalmente simbólica), falta de competencia para vivir y operar en la realidad, desesperanza, venganza violenta. Progresivamente, este sistema humano evoluciona hacia la decadencia y, empleando un término hoy utilizado en las ciencias sociales, se transforma en un grupo en entropía (tomado de la física). La entropía anuncia la imposibilidad de generar un crecimiento de los miembros dentro de ese sistema. Así como en otro tipo de grupos el conflicto estabiliza los mismos a través de la generación de un "chivo expiatorio" o paciente identificado; en la familia multiproblemática el conflicto tiene otras virtualidades: es permanente, las rotulaciones son continuas y es necesario como elemento de mayor decadencia de los integrantes. En ella conviven distintas discapacidades físicas, mentales y sociales (por ejemplo algún hijo oligofrénico, un probable padre alcohólico, otro hijo con trastornos mentales o preso, una madre o abuela quizás como única y abnegada responsable del grupo pero a la vez muy comprometida en el mantenimiento de la patología familiar). Pero todos aislados del contexto de los servicios comunitarios de distinta índole: salud, escuela, iglesia, instituciones de bien público, deportivas. Éste es hoy, quizás, el mayor problema clínico y social en el planeta, especialmente en los países periféricos; ya que la entropía se ve potenciada por el sida. Estas poblaciones son las más heridas por la pandemia.

Incluso están distribuidas geográficamente en típicos lugares periféricos, donde los servicios más esenciales no han entrado o son inaccesibles: escuelas, servicios sanitarios, agua potable, instituciones religiosas, servicios culturales, servicios de seguridad, pavimento. Esto es considerado sociológicamente un mal de lo urbano ya que todos los servicios están planificados para un determinado sector quedando otro al margen de la construcción social de la ciudad.

Las chavolas en España, los suburbios franceses, las favelas en Brasil, las villas miserias en Argentina con menor o mayor dramaticidad muestran al adolescente marginal con redes ausentes y con una gran prevalencia de enfermedades sociales.

De todas maneras, la familia multiproblemática responde a distintos escenarios socio-económicos culturales. Tanto en la pobreza extrema ligada a la marginalidad como en los sectores opulentos. En todos los sectores en donde existe este tipo de familia la desorganización es la clave. Esta organización caótica permanente genera la más crónica de las patologías adictivas; la *llamada toxicomanía por desorganización social* que genera una enfermedad crónica y es la de peor pronóstico.

El contexto global latinoamericano y las toxicomanías por desorganización social

En América latina existen parámetros claves:

- las crisis del modelo económico;
- la crisis demográfica (el 50 % de los habitantes son adolescentes);
- la crisis sanitaria;
- la crisis educativa (en su mayoría los adolescentes tienen dificultades para la entrada en el mercado laboral y sólo el 14 % tiene entrada en la educación).

Recientemente, Shadid Jared Burki, vicepresidente del Banco Mundial para América latina, dice lo siguiente: "América latina es notable como una región en que la pobreza absoluta parece no registrar mejora alguna... la proporción de las personas en la pobreza absoluta en la región se incrementó entre 1987 y 1993" (Disertación en el Foro de Diálogo Interamericano, Washington, junio de 1996).

La propuesta de ayuda a estas comunidades debe cambiar; la participación comunitaria a través de movilizaciones genuinas permitirá detectar liderazgos y generar un influjo permanente de capacitación y autogestión. Esta participación es además un ingrediente fundamental de lucha contra la corrupción. Este enfoque adquiere significación dado que la droga, no sólo en estos circuitos está ligada a la enfermedad invalidante, sino también al delito, y a la participación en bandas.

En el negocio de la droga estas poblaciones son buscadas para las tareas de distribución y comercialización formando parte de redes conectadas con policías o agentes judiciales corruptos. En el entramado social de estos barrios, la droga rápidamente genera una destrucción similar a la entrada metafórica de una "bomba neutrónica". Habitualmente, el 30 % de las poblaciones de estos lugares críticos está afectada en mayor o menor medida por estas situaciones (discapacidades físicas, mentales o sociales).

La droga opera como una actividad más ligada, en algunos casos, a la sobrevivencia. Lo que no perciben es que progresivamente quedan diezmadas las poblaciones. Las redes que ya existen (iglesias, clubes, unidades sanitarias, aparatos políticos, etc.) en estos lugares necesitan ser activadas.

Esta acción social significa incorporar elementos culturales como motor de cambio superando un enfoque puramente médico de tipo asistencialista.

En realidad la pobreza en sí misma es un obstáculo, pero el mayor es la llamada "cultura de pobreza" ya incluida en la marginalidad. La cultura de la pobreza está unida al aumento del número de hogares pobres limitados a un solo cónyuge (la mujer) al frente del mismo. Se ha estudiado que esto representa el 20 % del total de los hogares. La mujer debe cumplir los dos roles básicos con una gran discriminación salarial y ocupacional. Surgen en estas poblaciones una mayor ausencia o abandono de la actividad escolar.

A esto debe agregarse por los cambios tecnológicos y la reconversión productiva la emergencia de "nuevos pobres" que surgen de la clase media (maestras, enfermeras, empleadas de línea, pequeños comerciantes e industriales, jubilados, buena parte de las profesiones liberales). Éstos no se reconocen como pobres, esconden su pobreza, defienden valores típicos de la clase media y tratan de participar de los valores que promueve la sociedad consumista, siendo éste un factor de anomia y de frustración colectiva.

En los sectores opulentos, la crisis se expresa por el debilitamiento progresivo de los lazos familiares y de transmisión de valores.

La unidad familiar

Esta crisis y este cambio dañan globalmente a la institución clave de la socialización y de la interiorización de la cultura: la unidad familiar.

La base de cualquier sistema económico y social es la familia:

- protectora básica de la salud individual y social;
- formadora de valores;
- garante de la maduración afectiva;
- sostén del proceso educativo escolar y social.

En síntesis es el sistema básico de protección y seguridad social no superado por ninguna instancia estatal y/o privada.

Ha aumentado en las últimas tres décadas el abandono de los maridos de la estructura familiar. Queda el lugar paterno ausente con indudables efectos sobre el crecimiento.

El hombre de estos grupos funciona de una manera cuasi anómica: no puede legitimar su papel frente a valores promovidos socialmente de tipo consumista, es cuestionado permanentemente como modelo de referencia e identificación y su función se halla precarizada permanentemente (en lo económico, en el prestigio social, en la validación en su grupo).

Además, la crisis cultural de una sociedad sólo centrada en los derechos, y que olvida resaltar la función de los distintos deberes de los actores sociales, fomenta este fenómeno de la "dimisión de los padres". Este fenómeno es global ya que responde a fenómenos culturales; pero en las clases más pobres desencadena el llamado fenómeno de la cultura de la pobreza asociada a la marginalidad.

Todos estos fenómenos repercuten en el desarrollo del niño en múltiples planos: biológico, intelectual, afectivo y moral. El abandono de la escuela y la baja del rendimiento escolar están unidos también a esto.

La violencia y las familias multiproblemáticas

La violencia y las familias multiproblemáticas

Este tipo de familias y el actual decurso cultural que describí como cultura del malestar como fenómeno global fomenta el auge de la violencia.

Epidemiológicamente hay tres escenarios de la violencia actual tomando como índice el número de homicidios cada 100.000 habitantes:

a) de 0,5 a 5 cada 100.000: se considera bajos niveles de criminalidad y controlables por las distintas redes sociales; se da en países nórdicos, Japón y China.

b) 6 a 8: es una criminalidad controlable. Se da en el continente europeo.

c) 8 o más: acá ya la violencia es epidémica, el comportamiento violento se ha internalizado y es sintónico al cuerpo social; coincide con la impunidad, la corrupción de las instituciones y con la crisis de las mediaciones sociales: familia, escuela, etc.

En EE. UU. es 13 cada 100.000 habitantes, México 26, Colombia 100, Argentina 12,9. En América latina es del orden de 20.

Los estudios (Luis C. Ratinoff, *Delincuencia y paz ciudadana*, BID, febrero 1996) señalan como elementos centrales, causantes de estos fenómenos, el debilitamiento de la vida familiar y la deserción escolar.

En el último escalón ya existe una subcultura de la violencia como la única respuesta posible ante el conflicto: "tomar los fierros". Así mismo, se observa una baja en la edad de iniciación (precocidad de las conductas homicidas).

El debilitamiento de la familia lleva a un déficit del aprendizaje de la ley que es la base de la prevención del delito. Los griegos nos enseñaban que la ley era sólo el "camino para crecer".

Los remedios y los males de la civilización

La diferencia entre Colombia y Japón por ejemplo, no se debe solamente a la diferencia de potencial económico. El narcotráfico tiene mucho que ver indudablemente: las mafias de los carteles que contratan a poblaciones marginales generan el "sicariato" forma moderna de esclavitud. El sicario es el material descartable del narcotráfico. Es la cadena final de un ciclo extorsivo.

Pero el problema es mucho más profundo. La diferencia entre los países se basa en la fuerza o en la debilidad de su sociedad civil. Es un problema cultural que incluso incide en el potencial creativo y en la prosperidad de los países. Incluso el deterioro actual de EE. UU. se basa en la pérdida del vigor inicial de la fortaleza de sus organizaciones intermedias y del voluntariado.

Es volver al pensamiento de E. Durkheim cuando, en sus trabajos sobre *El Suicidio* o *La división del trabajo en la sociedad,* nos enseñaba lo siguiente: "Una nación sólo puede sostenerse si entre el Estado y el Individuo se interponen una serie de grupos secundarios lo bastante cercanos al individuo como para atraerlo con fuerza a su esfera de acción y, de esta forma, arrastrarlo hacia el torrente general de su vida social..."

Quizás al pensamiento de Alexis de Tocqueville cuando, recorriendo EE. UU. admirado por la fuerza social de sus grupos religiosos, escribió en *Democracia en América* lo siguiente: "... es el arte de la asociación la madre de la acción".

La fortaleza de la sociedad civil y toda la cadena de mediaciones, valores y control social es el eje de la contención social.

Francis Fukuyama en su último libro *Confianza* retoma estas ideas cuando nos dice: "... las instituciones políticas y económicas liberales dependen de una sociedad civil fuerte y dinámica". "La sociedad civil —una compleja mezcla de instituciones intermedias, empresas, asociaciones de voluntarios, instituciones educativas, clubes, sindicatos, partidos políticos, iglesias— se asienta a su vez en la familia que es el instrumento primario por medio del cual el ser humano es socializado en su cultura y recibe las habilidades que le permiten vivir en una sociedad más amplia. Es a través de la familia que los valores y los conocimientos de dicha sociedad son transmitidos de generación en generación."

"Una próspera sociedad civil no es creada por decreto como se crea un Banco Central; depende de los hábitos, las costumbres y el carácter distintivo de un grupo humano, todos ellos atributos que pueden ser conformados de manera indirecta a través de la acción política ya que, básicamente, deben ser nutridos a través de la creciente conciencia y del respeto por la cultura."

Capital social

Las normas, valores e ideales compartidos forman parte del complejo cultural que preside el desarrollo de una persona. Hoy, siguiendo al sociólogo James Coleman, esto se denomina el *capital social* de una comunidad. El capital social genera algo fundamental en la prosperidad de las naciones: el arte de la asociación, o sea la capacidad de los individuos de trabajar junto a otros en grupos u organizaciones para alcanzar objetivos comunes.

Los organismos internacionales como el BID hoy distinguen cuatro formas de capital:

a) dotación de recursos naturales;

b) activos construidos y capital financiero;

c) capital humano (servicios educativos, salud y nutrición, que genera un gran rendimiento y explica el rendimiento económico);

d) capital social: conjunto de valores compartidos, el tejido institucional como red contenedora de los conflictos sociales y los valores culturales.

Lester Thurow en su libro sobre ventajas comparativas de las naciones nos dice que la más grande ventaja es el capital humano y social. De esta manera sube el desarrollo económico y la competitividad.

Se toma incluso como ejemplo del deterioro del capital humano y social a EE. UU. Los signos más evidentes según los estudiosos (F. Fukuyama, J. Coleman, L. Thurow) son:

- auge del crimen violento y de los juicios civiles;
- la desintegración de la sociedad familiar;
- la decadencia de una serie de estructuras sociales intermedias como sociedades vecinales, iglesias, sindicatos, clubes e instituciones de caridad;
- el sentimiento generalizado entre la población de que ya no se comparten valores ni principios comunitarios.

La acumulación del capital social es un proceso de tipo complejo que fomenta la reciprocidad, la obligación moral, el deber hacia la comunidad y la confianza en el otro.

Es por ello que en el tema de las drogas, el proceso cultural y la activación de las redes de salud, organizaciones sociales, educativas y los medios de comunicación en un tejido solidario constituyen una respuesta para enfrentar esta problemática.

Este proceso cultural implica un acrecentamiento del capital social.

El Dr. Bernardo Kliksberg (Director del Proyecto Regional para la Modernización del Estado y el Gerenciamiento Social) nos dice: "... la cultura comienza a ser releída con fuerza creciente como una parte central del capital social de una sociedad. Se registra que los países que han sabido apoyarse en ella y potenciarla han generado a partir de la misma, modelos organizacionales inéditos, redes de cooperación interna potentes". Todo esto —nos enseña— ha mejorado la calidad de estos países y su competitividad.

El voluntariado de países como Canadá, Suecia, Noruega, Dinamarca, Italia, Noruega e Israel es un reaseguro frente a los males sociales.

Este voluntariado centrado en la solidaridad es un punto de apoyo en estos países para fortalecer la unidad familiar y para mejorar, incluso, la autoestima de las poblaciones pobres.

Esto es una inversión social y no un gasto social.

Las redes comunitarias, especialmente en sectores críticos, funcionan como un invernadero de contactos y como un regulador de necesidades y de control social.

Las redes que trata de promover el Programa "10.000 Líderes para el Cambio" se basan precisamente en el fortalecimiento de la sociedad civil desde el principio de la solidaridad.

La capacitación de líderes de las redes y de las organizaciones claves de ese sector es un imperativo dentro del Programa de los 10.000 Líderes.

El programa se descentraliza desde los municipios hasta llegar a la intimidad de los barrios.

Las redes basadas en el principio de la solidaridad surgen del tejido cultural. En Israel, que es un ejemplo del voluntariado social, en 1991 había 15.000 organizaciones del voluntariado. Pero la fuerza de estas redes se encuentra en principios culturales: "Los textos y tradiciones hebreas pusieron el énfasis en el deber de servir a Dios y al prójimo como precepto al que quedan obligados todos y cada uno... la cultura judía lleva en su médula los deberes de dar y hacer para mejorar la realidad."

La integración entre los principios de una acción social con valores, normas y una ética de la solidaridad son el fundamento de la eficacia de las redes.

CAPÍTULO III

GESTIÓN SOCIAL Y GERENCIAMIENTO PÚBLICO

Hoy lo social es un verdadero dilema en un mundo que está globalizado. El gerenciamiento público responde a la necesidad de rescatar la presencia de las políticas del Estado para enfrentar las coyunturas que la propia globalización muestra. Un Estado orientativo es hoy una necesidad, máxime en momentos en que se anuncia la crisis terminal del mismo, cuando se toma muy a la ligera y sin ningún tipo de análisis la formulación de M. Friedman: "mercado sí, estado no". Lo social es el agujero negro de la globalización. Formar gestores sociales surge como una necesidad de estos tiempos[1].

La globalización[2] interconecta mercados, flujos financieros, costumbres, información, modas, noticias. Las redes nos gobiernan y actúan sobre lo local de una manera precisa. Pero, al mismo tiempo también están globalizadas las consecuencias negativas en lo social: violencia, uso de drogas deteriorantes, el sida; las llamadas enfermedades psicosociales o aquello que Edgard Morin llama "el mal de las ciudades" y para las cuales él reclama una "política de la civilización".[3]

La formación de gestores sociales

La formación de gestores sociales surge de estas realidades; asociado esto a dos elementos: uno viejo y uno nuevo. El viejo es desarticular tanto al Estado como "ogro filantrópico" al decir de Octavio Paz pero al mismo tiempo atacar la noción de un estado ausente o anómico. Vitalizar el Estado es una tarea necesaria, para rescatar aquella necesidad de una "política de la civilización" anteriormente citada. A su vez, el nuevo elemento es la emergencia de una sociedad civil que busca contener los "agujeros negros" de la globalización a través del fenómeno del crecimiento de las organizaciones intermedias. A ésta que hoy se la denomina el tercer sector se lo debe unir, desde nuestro punto de vista, a un Estado orientador.

La nueva sociedad que surge de la globalización, por un lado en su aspecto negativo, muestra el efecto de un deterioro de los vínculos con distintas secuelas de enfermedad y abandonos varios; pero al mismo tiempo nos muestra un aspecto positivo, un factor emergente que es el voluntariado a través de las organizaciones no gubernamentales. Como ejemplo nuevo de todo esto vemos la multitud de grupos de autoayuda que sostienen y contienen distintos problemas que surgen como consecuencia de la complejidad misma: depresión, drogas, secuelas del sida, etc.

Los grupos de autoayuda

Los grupos de autoayuda surgen desde la base misma del sistema social y de sus dolores no sólo para contener a sus miembros sino para orientarlos y mostrarles un camino.

Se ha estudiado la emergencia de todos estos grupos como la respuesta espontánea frente a dos fenómenos que los estudiosos del tema (entre ellos Ezequiel Ander-Egg) denominan *la pobreza post-moderna,* típica del fenómeno de la post-modernidad (pobreza de vínculos y no necesariamente económica) y los efectos mostrados por David Riesman en la llamada *muchedumbre solitaria* en donde la subjetividad se pierde en la masa, pero en donde aparece la soledad y el sentimiento de tristeza como elemento manifiesto. El ser humano se recuesta en vínculos clánicos, de sólida pertenencia y referencia como son los grupos de autoayuda que se perdieron en el anonimato enajenante de una socialización despersonalizada.

La emergencia de la sociedad civil

La fuerza de la sociedad civil se une al nacimiento con fuerza de la autonomía individual. El ser se da a sí mismo las normas (auto: propio, nomos: normas). Esto muestra un avance pero a la vez el riesgo del individualismo. La autonomía racionalista-iluminista o la basada en la idea judeo-cristiana del hombre pasaba por un nomos (norma) basada en el deber social kantiano en el primero de los casos (recordemos aquella célebre frase de Kant que "...la felicidad resulta del cumplimiento del deber"), o en el acatamiento de una Verdad revelada y por las tablas de la Ley que delimitaban la autonomía desde una heteronomía. El crepúsculo del deber como nos enseña Gilles Lipovetzky se anuncia en la caída de estos dos relatos: el racionalista y el trascendentalista. Pero si bien la autonomía tiene el riesgo del individualismo es también cierto que la actualidad propone vías de crecimiento individual y personal y de creatividad anteriormente inexistentes.

La autonomía unida a la emergencia de la sociedad civil nos plantea la existencia de nuevos protagonismos sociales.

Las organizaciones intermedias y los distintos liderazgos individuales y grupales que promueven crean los denominados "gestores sociales", o mediadores comunitarios y que en nuestro programa reciben la denominación de Líderes para el Cambio.

El gestor social que aparece desde distintas figuras u organizaciones como grupos de padres, asociaciones juveniles, sociedades de fomento, grupos mutuales, organizaciones religiosas, grupos protectores de minorías, personas claves de una localidad, organizaciones claves de un municipio; son modelos sociales nuevos que ejercen *un efecto de tracción* sobre el resto del tejido social. Generan un *efecto de masa crítica positivo* (pequeña masa de energía que produce grandes cambios) como lo muestran ciertas experiencias de la física.

El Estado presente, al cual lo definimos como orientador, distante del Estado ausente ultra neo-liberal y del Estado omnipresente, como su misma palabra lo designa, es "estar sobre", es un "estar sobre" la realidad asociando y estimulando la fortaleza de su sociedad civil. Un Estado sólo preocupado por el devenir del mercado de capitales puede ser tan peligroso como aquel otro que concentra sobre sí mismo todas las funciones.

Resumiendo podemos decir que el gestor social, verdadera polea de transmisión representado por todo un tejido social emergente, y el reforzamiento del papel del Estado orientador de políticas a través del gerenciamiento público, surge como una necesidad frente al contexto que anuncia la post-modernidad y la sociedad post-industrial; especialmente en esta zona del continente con severos problemas de integración social.

El capital social de las comunidades

La fortaleza de la sociedad civil y el papel del Estado anuncian el intento de animar y robustecer el capital social de una comunidad que es el máximamente devaluado en la crisis social que plantea la globalización.

Al capital social se lo define desde la fortaleza del tejido institucional de una comunidad: sus tradiciones, su poder de innovación, creatividad y producción solidaria, así como ese peculiar acervo identificatorio, de pertenencia y de referencia que es su identidad como pueblo.

El capital social es el verdadero capital de una comunidad; tanto o más importante que su capital económico, financiero o de recursos naturales. Es la cultura como el verdadero motor de cambios de una sociedad.

En los países en los que el capital social está en crisis surgen rápidamente distintas sintomatologías sociales: auge del crimen violento, desintegración de la sociedad familiar, decadencia de las instituciones intermedias; además no existe un marco compartido de valores ni de principios comunitarios. El gestor social es importante como activador comunitario en sociedades donde el capital social está en crisis.

La violencia parecería ser un indicador de este capital en deterioro y existe una medición de la misma a través de la tasa de homicidios por cien mil habitantes. En países con escaso capital social (Colombia es el ejemplo más claro de ello según los organismos internacionales), la violencia se transmite epidémicamente por efecto de masa, o sea la masificación de conductas actúa por presión social negativa siendo a la vez la violencia una pauta que ya está interiorizada como forma de conducta útil para dilucidar problemas. En Colombia por ejemplo hay 100 muertos cada 100 mil habitantes.

Los países con menor índice de violencia muestran un tejido institucional capaz de contener los conflictos que plantean los seres humanos y sus diversas agrupaciones. China y Japón así como los países nórdicos son un ejemplo de ello. En unos, la importancia de la estructura clánica; en otros, la familia extensa; o la propia estructura intermedia es la contenedora de los conflictos humanos. En estos países el índice de homicidios es de 0 a 3 cada cien mil habitantes.

Alain Touraine nos enseña en su libro *Podremos vivir juntos* que este capital social en su deterioro se ve potenciado por la globalización que lleva a una "desocialización de la cultura de masas culminando en una verdadera incomunicación de las existencias ya que la comunicación sólo se da a través de señales técnicas". Esto "fomenta una desestabilización acelerada de las personalidades".

Surgen nuevos tiempos en donde cada aldea ya es global y en donde las respuestas simples propias de las sociedades industriales y pre-industriales ceden a la complejidad de las sociedades avanzadas, en la cual conviven interactuando distintos actores sociales que se necesitan mutuamente para intervenir con cierta sensatez y sentido común en los distintos espacios locales.

Cada aldea es global

Estamos en la sociedad de la complejidad, en ésta la clásica relación amigo-enemigo culmina en el trabajo hacia el consenso generando mínimos acuerdos de convivencia con los discrepantes. Los que viven o gobiernan las sociedades dentro del esquema cerrado: amigos-enemigos pasan a formar parte de los fundamentalismos o integrismos actuales.

Las sociedades complejas se distinguen por la incertidumbre. Las certidumbres formaban parte de las sociedades simples en donde pocos actores privilegiados concentraban la transmisión de valores y la socialización: la familia, la escuela y las iglesias. Hoy, mientras tanto observamos una turbulencia en los cambios de escenarios y espacios, una aceleración del tiempo; unido todo esto a la velocidad del cambio tecnológico ligado a una cadena de comercialización y consumo que se hace permanentemente mediática y de transmisión inmediata a través de un sistema satelital de imágenes y sonidos.

La velocidad de los movimientos diarios y la circularidad cibernética de los procesos sociales en donde todo parecería interactuar con todo desafía al pensamiento reduccionista en el cual fuimos educados.

Tan importante como el nuevo escenario social es el cambio de escenario mental que debemos realizar. Educarnos mentalmente para acceder a la complejidad parece ser éste el verdadero desafío.

Este cambio de escenario mental implica aprender a tener una visión contextual que desafíe la visión parcelada de la realidad.

Esta visión del contexto implica trabajar permanentemente con un diagnóstico de las distintas realidades que interactúan. Visión del contexto y diagnóstico de la complejidad forman parte del arsenal tecnológico estratégico cotidiano.

Actuar así significa actuar como un sistema abierto y permeable, base ésta de la supervivencia en las sociedades complejas. Sucumben los sistemas cerrados. De vuelta esto sería caer en los fundamentalismos y en el campo de las conductas en las distintas huidas embriagadoras (alcohol, droga, errancia de los amores) que son consecuencia de la imposibilidad de situarse en la complejidad.

La turbulencia de los cambios en las sociedades complejas da a la vida humana un dato de mayor provisionalidad, tema éste clave en la filosofía del ser humano. Todo parece ser más provisorio, hay una "biodegradabilidad" rápida de usos, vínculos, y costumbres; esto también diluye identidades y tradiciones. En el campo de la salud mental aparecen los síndromes de pánico como nueva fachada de la ansiedad; pero ahora vivida con mayor tragedia —de ahí el pánico— ya que sucumben permanentemente las referencias y las pertenencias.

El cerebro no puede procesar esta turbulencia y entra en pánico. La ansiedad es el signo de los tiempos y el pánico es un diagnóstico psiquiátrico que se estructuró en los últimos 15 años. De la misma manera aumentan los daños a las arterias y vísceras del organismo, generando discapacidades en edades juveniles (infartos, úlceras, por ejemplo) o muertes súbitas.

Desgaste de las redes próximas

Todos estos fenómenos están unidos a un desgaste de las redes próximas que intervienen como protección y prevención ante los desgastes de la vida cotidiana (familiares, núcleos de pertenencia, lealtades primarias escolares) y que además son el sustento y el eje de la socialización y espiritualización de los seres humanos.

Todo este vértigo acelera efectos de entropía social; o sea se desgastan los vínculos humanos, las instituciones de toda índole se vuelven modestas y poco efectivas para la tarea de endoculturación de los sujetos siendo reemplazadas por las grandes estrategias de organizaciones financieras, técnicas y/o mediáticas. El orden económico se privilegia por sobre lo cultural y lo educativo. El mercado de consumo (beneficio indudable de la tecnología de avanzada) degenera en consumismo cuando se confronta con sujetos pobremente desarrollados en su mundo interior por las falencias en su socialización primaria y por ende altamente manipulables. El poseer un objeto altamente prestigiado desde la imagen televisiva y asociado a valores que la propia sociedad pontifica se convierten en el objetivo de una existencia humana.

Las sociedades no se suicidan

El gestor social unido a políticas públicas debe partir del hecho que existen factores de desarrollo o neguentrópicos que superen los efectos de entropía anteriormente descriptos.

Hay varias acciones que son necesarias para enfrentar la complejidad y a la vez aliarse a las fuerzas positivas de la comunidad para lograr un desarrollo social:

Modelo cooperativo horizontal

1. Generar un modelo *cooperativo-organizacional o institucional horizontal* diseñado para manejar la complejidad: entre instituciones del Estado, con Organizaciones no gubernamentales; atendiendo a que hoy los problemas son transversales ya que actúan atravesando todas las áreas y al mismo tiempo como forma de contener los distintos intereses cruzados que se confrontan en un espacio local determinado y que debemos complementarlos aun cuando parezcan antitéticos.

Intervenciones comunitarias

2. Generar *intervenciones comunitarias* que socialicen la información y la formación a distintos actores comunitarios que permitan llegar a la base del sistema social rompe, por un lado, con el modelo de profesionales que trabajan con parcelas de la realidad o esperando la demanda de los llamados pacientes. De vuelta aparece la transversalidad llamando a un saber transdisciplinario y a la vez un saber que se coloca en el centro mismo de los conflictos en un modelo diferente del "hacer" del profesional y a la vez socializando la información disponible a diversos actores sociales. La socialización de la información, o la llamada democracia cognitiva al decir de Edgard Morín, se convierte además en un elemento fundamental de gobernabilidad en sociedades complejas y turbulentas.

Los modelos fraccionarios en el campo profesional denuncian en sociedades complejas la crisis de las profesiones ya que los problemas son interdependientes y esto demanda una respuesta global puesto que el centro de los problemas tiene múltiples referencias; por ejemplo cada problema tiene aristas políticas, culturales, legales que subvierten un saber determinado.

Además, la respuesta profesional al socializarse para efectivamente hendir la realidad compleja necesita hacer inteligibles los lenguajes de acuerdo a cada escenario social y en función de los actores sociales que van a intervenir en los distintos contextos problemáticos. Desde una trabajadora vecinal hasta un médico de una sala de emergencias de un barrio periférico pasando por todos los mediadores sociales que puedan llegar a actuar; el lenguaje se convertirá en un facilitador o en un bloqueo de la acción.

Redes sociales

3. La capacitación y la intervención comunitarias tienen como objetivo la *formación de redes* o la animación de las ya existentes. Las redes a su vez necesitan de una ingeniería de contactos o sea de una artesanía que permita unir, conectar sectores a través de la utilización de puntos de encuentro fomentando permanentemente la capacitación, las técnicas de conducción grupal y de dinámica de grupos. A su vez las redes como las personas entran en "burn out" (proceso de desgaste y enfermedad); en este caso el adecuado diagnóstico de los distintos problemas que envuelven a las personas e instituciones se convierte en fundamental. De lo contrario la entropía puede llevar al abandono de la tarea o de la acción.

Pensar globalmente. Actuar localmente

4. Aprender a leer la realidad contextualmente y a la vez potenciar lo local. Pensar globalmente y actuar localmente (en un barrio, institución o cualquier escala de las reticulas sociales). Si sólo pensamos globalmente y no actuamos localmente significa que la problemática nos ha agobiado e impotentizado nuestra voluntad. Si actuamos localmente y no pensamos globalmente es que nuestras acciones están desarticuladas del contexto englobante y el riesgo es caer en un sectarismo, en una respuesta fanática o en la formación de guetos.

La cultura como motor de cambio

5. La *cultura como transmisión* de valores, pertenencias, referencias, identidades es el verdadero *motor del cambio comunitario.* El para qué de un accionar no solo es importante en la vida individual (base del sentido de la vida) sino también en las comunidades (eje de un proyecto social). El cómo (la forma, la metodología o tecnología social) surge cuando está claro el porqué y

el para qué. Considero que ningún proyecto de gestión social debe olvidar el contexto de valores en el cual se desenvuelve la sociedad en la post-modernidad y las consecuencias en los estilos de vida y en las enfermedades.

Visión compartida del equipo

6. El gestor social es tal en la medida que consiga construir un equipo de trabajo con una visión compartida y una misión (base de cualquier tarea) que le permita alcanzar objetivos dentro de un planteo estratégico que tenga en cuenta una visión —valga la repetición— pero esta vez del contexto y sus articulaciones.

NOTA FINAL

En esta sociedad de riesgo que emerge en la post-modernidad, con la incertidumbre como estrategia cotidiana de supervivencia, se hace necesario un enfoque que permita la apertura. Hoy triunfan los sistemas abiertos, permeables, que pueden metabolizar los cambios constantes de los escenarios pero desde una matriz inteligente (la red, la construcción de un equipo, o sea de una organización); sólo esta apertura es señal para un cambio, una innovación, un desarrollo.

Esto implica que la eficacia de cada organización se dará cuando se fomente el intercambio, el debate.

El Estado establece, a través de la cooperación horizontal con distintos estamentos públicos y no gubernamentales, la posibilidad del fortalecimiento de la sociedad civil, factor de desarrollo e innovación que surge como aspecto positivo de los nuevos tiempos.

NOTAS

La trampa de la globalización, de Hans Peter Martu/Harold, Taurus, 1998.

[1] **Pág 10:** "Los pragmáticos de Fairmont reducen el futuro a un par de números: 20 y 80 y *tittytainment.*

En el próximo siglo el 20 % de la población activa bastará para mantener en marcha la economía mundial. El 20 % participará por tanto activamente en la vida, el beneficio y el consumo.

El 80 % de los dispuestos a trabajar tendrá grandes problemas.

Más bien hace carrera la expresión *tittyainment,* que pone sobre la mesa el veterano Zbignieuv Brzezinski. Este término es una mezcla de entretenimiento y pechos femeninos. En realidad es una mezcla de entretenimiento aturdidor y alimentación suficiente."

[2] **Pág 12:** "Globalización significa comunicación de alta tecnología, bajos costos del transporte, libre comercio ilimitado fundirán el mundo entero en un único mercado."

[3] **Pág 15:** "La tesis fundamental del neoliberalismo reza: el mercado es bueno y las intervenciones estatales son malas."

CAPÍTULO IV

LA CRISIS DE DROGAS Y SUS EFECTOS SOBRE LO GLOBAL/LOCAL

La Argentina vive dentro de una crisis de drogas. Este término acuñado en Europa delata una circunstancia específica por la cual pasan diversas comunidades. Se relatan las experiencias de China, el continente europeo y en EE. UU. como ejemplos más críticos.

Las crisis de drogas contienen diversas aristas que pueden sintetizarse en:

a) Sobreoferta de drogas legales e ilegales.

b) Aparición súbita de problemas sanitarios y comunitarios.

c) Grandes e inmediatas ganancias económicas provenientes del mercado ilegal y claras situaciones de corrupción institucional en distintos estamentos de control social, con especial énfasis en las fuerzas de seguridad y en el poder judicial.

d) Pánico social motorizado por una situación de alarma en los barrios y en los vecindarios.

Las crisis de drogas pueden desembocar en una epidemia. Alcanzada esta situación surgen varios sucesos que se encadenan sucesivamente. En primer lugar, la droga aparece asociada a una elite de consumidores. Todavía esto no configura una epidemia, ya que se aparece como un fenómeno claramente localizado en grupos específicos. En la historia de la humanidad estos grupos estuvieron generalmente ligados a elites del campo intelectual o artístico.

El segundo momento se produce cuando ciertos líderes intelectuales con algún predicamento y renombre minimizan, a través de escritos o por distintos medios de comunicación, los riesgos del consumo de drogas. Esto todavía no incide sobre el conjunto de la población, aunque influye en los formadores de opinión (periodistas, gobernantes de las distintas esferas del poder, líderes juveniles, etc.).

En un tercer momento, personajes famosos y con gran entrada en los medios de comunicación de diversas formas publicitan el consumo de drogas desconociendo los daños del mismo y apelando a contenidos ligados a la libertad individual. El mensaje es francamente manipulador ya que reduce la libertad a la libertad de maniobra desconociendo la profundidad del término. En este caso, por el prestigio de quienes hablan, sus conductas generan una cascada de representaciones identificatorias, especialmente en las poblaciones juveniles proclives a mantener relaciones idolátricas que no permiten ningún discernimiento racional.

El último momento, determinante del estado de epidemia, es cuando los liderazgos traccionan sobre dos poblaciones: la juvenil y las poblaciones marginadas. Esto coincide con la instalación de bandas que unen a su acción delictiva habitual, el consumo y la distribución de estupefacientes.

De aquí en más la pandemia es cuestión de tiempo. La oferta y el consumo descontrolado de drogas se miden a partir de aquí por dos indicadores definidos que marcan los niveles del pánico social: por un lado el aumento geométrico de los actos delictivos y su proporcional escalada en la frialdad con que se cometen, y por otra parte, la aparición cada vez más frecuente de enfermedades sociales y mentales asociadas al consumo de drogas y alcohol, como sida, hepatitis, cuadros psicóticos, accidentes de tránsito, etc.

Para consolidarse, la epidemia o la posterior pandemia necesitan de la tolerancia social al consumo, y no solamente a la existencia de la venta ilegal de drogas. La tolerancia social tiene como contrapartida la eclosión de una cultura adversa al consumo de drogas, caracterizada por una educación social, escolar y familiar donde las drogas aparecen ligadas a la verdadera dimensión de la enfermedad, con evidentes consecuencias negativas para quien consume. Toda esta educación está vinculada a potenciar la salud, la información y la formación sobre los efectos de las sustancias toxicomanígenas.

La tolerancia social está basada en distintos fenómenos que componen un evidente estado de anomia cultural para confrontar con los distintos factores de entropía social que generan las drogas. Es en realidad la anomia una verdadera "anemia" de la sociedad, manifestada a través de los déficits de las instituciones familiares, escolares y barriales que dificulta el enfrentamiento con un mercado que basa su *marketing* en los jóvenes. Las estrategias de ese mercado apuntan a mostrar el consumo de drogas como un verdadero encuentro con nuevas realidades perceptivas o de pensamiento.

Dichas estrategias se ven potenciadas con las crisis de identidad cultural que se manifiestan en situaciones de desarraigo, producto de migraciones masivas y pérdida de lazos tradicionales de socialización como la familia y la escuela. El resultado es un vacío de sentido de la vida en vastos sectores de la población.

Sociedades complejas

En sociedades complejas como la actual, distinguidas claramente de las más sencillas como la rural o las que tienen escasa densidad, la oferta de drogas —esto es la cantidad de circulación y las distintas presiones para el consumo y la demanda— y la necesidad generada se entrelazan mutuamente.

Las sociedades simples, en cambio, generaban un sistema de mediaciones muy claras como instancias de socialización. Entre ellas, las escuelas, la familia, las estructuras barriales y los vínculos religiosos se convertían en pautas que ordenaban el proceso de crecimiento de los niños. Estas sociedades, por supuesto, no estaban exentas de problemas de integración social ya que podían pecar por el exceso de autoritarismo o por la rigidez de sus concepciones, pero proporcionaban un refugio seguro ante situaciones críticas de la vida.

Las sociedades complejas tienen distintas vías de socialización, pero no hay dudas de que la crisis de la familia y de la escuela, junto con la secularización de la existencia, el impacto de las redes telemáticas, de imagen e información que en muchos casos envían mensajes contradictorios, favorecen la marcada falta de identidad y las crisis evolutivas, especialmente en los grupos humanos con familias inestables, disfuncionales o inexistentes.

La problemática de la prevención de drogas en una sociedad compleja es un verdadero desafío. Por un lado es a través de la formación de recursos humanos que se logran cambios sociales. Así sucedió siempre en la historia de la humanidad. Se deben generar desde distintos espacios las mediaciones humanas que se han ido rompiendo o escoriando a lo largo del tiempo. La formación de mediadores surge como una necesidad frente a la epidemia.

La formación de recursos humanos

La formación de recursos humanos o mediadores recibe en nuestro trabajo en la provincia de Buenos Aires el nombre de "Líderes para el Cambio" y el Programa preventivo, la denominación de "Formación de Formadores". En este aspecto se alude a dos aspectos fundamentales:

a) El cambio: la teoría del *management* moderno no está centrada solamente en la empresa que regula las relaciones capital-trabajo, sino también en el campo social: la capacitación de recursos humanos debe apuntar a lograr herramientas de innovación desde el aula de una escuela, la cama de un hospital, una sociedad vecinal, etc.

Peter Drucker analiza, en su obra *Innovation and Entrepenneur,* la metodología que permite estudiar el cambio, analizarlo, encontrar oportunidades, evaluar rigurosamente los riesgos y diseñar la estrategia de innovación más adecuada.

b) La Formación de formadores: la formación de recursos humanos para la actividad social también está vinculada con la crisis de las mediaciones tradicionales desde la familia hasta el Estado.

La crisis de las mediaciones genera efectos de aislamiento y de integración social notables: fundamentalismo, sectas, evasión a través del mundo de las drogas. Escaparse de la sociedad parece ser la constante.

Además el neo-liberalismo sólo centrado en el costo-beneficio y en la eficacia como únicas herramientas posibles en la vigencia del Estado, fomenta el abandono de los más desposeídos y favorece los intentos de fuga social.

Todo esto conduce a un debilitamiento del control social que anteriormente llevaban adelante los Estados, las iglesias, familias y escuelas. El Estado neo-liberal, en una de sus funciones, se centra en que las movilidades económicas y financieras nacionales sean compatibles con las exigencias del orden económico internacional, mientras tanto las normas sociales se debilitan y se instaura un problema creciente: la gobernabilidad.

Entropía

Todo esto acarrea un nuevo horizonte. Por un lado, efectos de entropía y deterioro: epidemias de adicciones, aumento de patologías sociales, el sida como realidad aplastante en la postmodernidad. Pero al mismo tiempo se libera una energía hacia la sociedad y la emergencia con gran fuerza de la vida privada que fluctúa hacia una mayor autonomía del individuo o hacia el individualismo.

Alain Touraine muestra en su último libro *¿Podremos vivir juntos?* estas dos facetas: la crisis de integración social de vastos sectores por un efecto de desocialización de las masas, ya que viven dentro de circunstancias simbólicas de extrema precariedad y pobreza, es decir crecen en una ausencia de vínculos simbólicos y normativos fundamentales; y a la vez la emergencia de organizaciones voluntarias que suplen funciones que anteriormente realizaban otras instituciones.

Si bien por un lado aparecen grandes instituciones económicas y financieras, subsumiendo funciones de los Estados, por otro lado surgen y se liberan organizaciones comunitarias que Drucker llama "tercer sector".

El tercer sector

Así Touraine habla de la emergencia de la sociedad en riesgo, que anuncia el fin de la sociedad del orden, cercada permanentemente por la complejidad de los distintos elementos que están en juego en una verdadera circularidad cibernética y por otro lado, por la incertidumbre acerca de lo que sucederá mañana. El prisma de trabajo es el "día a día" analizando posibles escenarios futuros desde las tendencias que hoy ya se enuncian solapadamente en la turbulencia contextual.

La sociedad de hoy parece fluctuar entre dos tendencias que permanentemente se visualizan: el vacío normativo y un discurso que la sostiene como un verdadero elogio del vacío (a las drogas por ejemplo). Y al lado de esto la emergencia de una sociedad civil cada vez más fuerte, como fruto de la caída de los controles autoritarios, encarnada en organizaciones sociales que pugnan por el cambio.

Un programa de prevención de adicciones debe tener en cuenta este contexto; debe saber leer este contexto: por un lado existe un elogio del vacío, pero por otra parte debe formar y multiplicar organizaciones de bien público dedicadas a contener el "mal de las ciudades", al decir de Edgar Morin en sus distintos escritos. Promover estas organizaciones claves dedicadas al cambio y a personas claves de las comunidades para enfrentar esta problemática; todo esto se transforma en un imperativo de la actualidad.

El lugar del líder para el cambio

No sólo hay un mercado de objetivos y bienes por conquistar por el estratega del *marketing,* verdadero príncipe postmoderno; hay también un lugar en la escena social que el mediador social o el líder para el cambio debe captar. Es éste un verdadero lugar vacío en la sociedad que el "elogio del vacío" no puede completar. Edgar Morin habla de una política de la civilización para enfrentar a esta sociedad que él dice se quedó sin misión. Caídos los ideales modernos sustentados en las ciencias, destruido el hombre comunista y la patria proletaria, anunciando ya su deterioro el hombre de mercado, replanteándose el religioso su papel en el mundo secularizado y mostrando además las estrategias totalitarias su cara siniestra, ya sin ninguna posibilidad práctica de establecerse en un mundo plural y en donde la antinomia amigo/enemigo, prototipo de las sociedades tradicionales es hoy reemplazada por el consenso y la discrepancia; todo esto configura un mero escenario. Por todo esto, la búsqueda del consenso y la negociación continua con los discrepantes es la tónica que impera en las sociedades avanzadas.

Nueva política del sujeto

La dinámica de las mutaciones globales, la globalización, necesita una nueva política del sujeto, término acuñado por Alain Touraine, en donde éste crezca bajo ciertas protecciones institucionales.

El fortalecimiento de la dinámica de las instituciones socializadoras y la emergencia del llamado "tercer sector" parecen ser necesidades acuciantes.

Los problemas del hombre de hoy son globales lo atraviesan en todas sus esferas y en todos los puntos del globo tienen una cierta similitud. Parecería éste un mundo sin fronteras ni orillas.

Interacción global/ local/ global

Este efecto global debe ir parejo a un trabajo sobre lo local. Un programa preventivo debe partir de un diagnóstico del contexto global, pero a la vez potenciar las fuerzas locales: barriales y municipales, por ejemplo.

La ruptura de los vínculos de identidad entre los ciudadanos es un hecho. El ciudadano se ha transformado en un habitante en muchos casos nómade que va de lugar en lugar. Se forman guetos que separan a ricos de pobres por zonas amuralladas interconectadas por autopistas. A las economías globalizadas les pueden suceder culturas fragmentadas, desconectadas unas de otras.

La necesidad de multiplicar secuencias de desarrollo e integración social

Hoy en una sociedad plural no hay un solo órgano de poder o de decisión, como nos lo enseña Drucker en su libro *Nuevas realidades*: "No hay un único centro de poder, la sociedad está repleta de centros de poder fuera del Estado y distintos de él."

Es por ello que se debe repensar el papel del Estado en una sociedad pluralista. Creemos que en la prevención de las enfermedades sociales debemos capacitar a las distintas organizaciones de la comunidad alrededor de esta problemática. Estas instituciones ya están funcionando en el seno de la sociedad; el asunto es descubrirlas y recordar su responsabilidad.

En física atómica se habla de una masa crítica que es una cantidad mínima necesaria para lograr el máximo cambio (cambio de estado en física).

Masa crítica positiva

En las sociedades actuales una pequeña minoría puede lograr grandes cambios en la medida en que esté organizada, activa y comprometida con propósitos claros.

Esta masa crítica en el campo de las organizaciones del voluntariado (scoutismo, movimientos religiosos, ligas de fútbol, movimientos de trabajadores vecinales, por ejemplo en la provincia de Buenos Aires) son forjadoras de vínculos comunitarios y trabajan activamente en el campo de los valores sociales destinados a la protección y formación de la minoridad.

Esta masa crítica trabaja desde puntos muy precisos, en la "dimensión local" (barrio, municipio), y tiene una gran incidencia en los estilos de vida y los valores de la comunidad. La construcción de redes es una forma de articular lo local con lo global.

Ante la globalización de los problemas, trabajar en lo local con grupos que inciden en el tejido social, y que a su vez forman redes con otros de la misma localidad, genera una nueva relación entre lo local/global/local. La cadena de actos locales genera efectos en lo global: cambio de comportamientos, baja de la prevalencia de determinadas enfermedades, detección precoz y anticipada de los problemas y fundamentalmente se renueva la esperanza social.

Fenómenos de masa crítica negativa

Todo esto resulta relevante en las epidemias. George Nahas y Bejerot desarrollan un pensamiento en donde se analizan epidemias y el conjunto de factores que intervienen como desencadenantes de las mismas. Presuponen que existe una interacción entre dos factores: al primero lo llaman vulnerabilidad o susceptibilidad individual y al segundo exposición de un sujeto a factores externos (amigos, disponibilidad de drogas, el precio, actitud de los medios de comunicación, la legislación, etc.)

Los factores sociales, según Nahas, son "básicos" en la eclosión de la epidemia. A esto se los denomina "contagio psicosocial". Lo desarrolla a los fines pedagógicos con la siguiente fórmula:

C = (F) S x (F) E;

C = Contagio psicosocial;

S = susceptibilidad o vulnerabilidad individual;

E = exposición a factores externos de estimulación social.

Cuando el factor E es débil al inicio de una epidemia, es necesario que el factor S sea fuerte para generar el contagio psicosocial. Cuando el factor E aumenta, la importancia S disminuye.

En esta fórmula, la población de elevado riesgo psicosocial y el control de elementos que hacen a las presiones son fundamentales.

Cultura adversa a las drogas

Nahas concluye que la política social para enfrentar las epidemias es generar una cultura adversa a las drogas. Ésta debe incidir sobre todo el cuerpo social pero fundamentalmente sobre las poblaciones juveniles. En éstas, al principio, la droga capta a jóvenes con trastornos de conducta. Especialmente a aquellos que poseen familias multiproblemáticas y con alta desorganización o desmembramiento. Acá el contexto social puede favorecer el uso de drogas: por una alta disponibilidad de estupefacientes y por la aceptación social del uso recreativo.

Otro factor social importante es el "proselitismo" que realiza el adicto a los llamados por Nahas "novicios" a quienes se los invita a compartir un cierto orden simbólico ritual y con ceremonias muy claras de iniciación. Todo esto favorece el tráfico en pequeña escala, y a su vez, se brinda abundante información sobre sus efectos y los lugares donde se obtiene.

La cultura adversa a las drogas debe partir del paradigma de la complejidad: conjunto de variables que funcionan interactuando entre sí (vulnerabilidad individual, familias disfuncionales, rasgos propicios de la cultura postmoderna, la oferta disponible de alcohol y drogas en una comunidad, estructura de las ciudades y conflictos típicos por los que atraviesa).

Gestor social

El líder para el cambio funciona en estas circunstancias como un "gestor social": función de articulación de todos los nodos que faciliten un cambio positivo en la comunidad. Para ello debe hacer una lectura permanente del "contexto sociocultural", movilizando estrategias continuas con las distintas redes sociales (escolares, sanitarias, comunitarias, comunicacionales y públicas).

Desde cada territorio específico, éste es el arte de multiplicar los efectos de lo local ante problemáticas globales. La función de articulación surge como respuesta a la escoriación o fractura de las redes suponiendo esto básicamente una *negociación* con todos los actores que están en juego en un plan que desde el contexto se modifica *tácticamente en un día* (prisma de lo cotidiano).

El gestor social debe tener entre sus herramientas, a modo de resumen, la capacidad de articular la lectura del contexto institucional a través de estrategias y tácticas con alta capacidad de negociación, en un prisma de análisis cotidiano partiendo de la sabiduría de lo local y sus líderes claves, o sea de los "baqueanos" de ese territorio. Sólo desde lo local se pueden alcanzar las problemáticas globales. Y, por último, no olvidar nunca que será la construcción de redes la articulación entre lo local y las problemáticas globales.

CAPÍTULO V

DIAGNÓSTICO DE UNA REALIDAD CONFLICTIVA

Crisis de drogas

El mundo ha tenido varias crisis de drogas, tanto lícitas como ilícitas. De repente, en una visión superficial, las ciudades se veían invadidas por nuevas sustancias que hasta ese momento tenían una incidencia ínfima sobre la salud pública y para la vida cotidiana. La experiencia China hasta la llegada de la Revolución comunista en 1947 en relación al opio, el uso de alcohol antes de la prohibición americana en 1919, la crisis de la heroína en EE. UU. y Gran Bretaña a fines de la década del 60; un problema similar hubo en España localizado en el cambio socio-político que significó el post-franquismo, etc.; son distintos ejemplos de crisis de drogas.

En todas estas situaciones aparecen distintos fenómenos que se pueden sintetizar en *cuatro*:

- sobreoferta de drogas ilegales y/o legales;
- aparición súbita de problemas sanitarios y comunitarios

(violencia social, cirrosis, trastornos psiquiátricos, aumentan los daños al sistema inmunológico con infecciones varias: sida, etc.). Además, cambia la modalidad de la delincuencia al ser ésta alcanzado por el consumo ocasional o habitual de sustancias;

- ganancias rápidas ligadas al mercado de venta de sustancias (fortunas "de la noche a la mañana" siguiendo el argot popular); situaciones claras de corrupción institucional en distintos estamentos de control social (fuerzas de seguridad, autoridades escolares, en los vecindarios, etc.);

- pánico social motorizado por una situación de alarma en los barrios, que asciende a los medios de comunicación.

Estos cuatro fenómenos se dieron en distintas partes del mundo con respuestas variadas de las autoridades y la comunidad. Además, la falta de una política educativa que previera estos fenómenos era también una dificultad para que la comunidad y las familias establecieran una estrategia comunitaria para enfrentar esta situación.

Tres ejemplos de enfrentamiento a la crisis de drogas

Cada país de acuerdo con el momento cultural específico que vive y con su historia ha ideado distintas alternativas. Ninguna es mejor o peor, o en todo caso, la elección de la mejor tendrá que estar en relación al tipo de Estado y las costumbres de cada comunidad. Es con esta salvedad que vamos a estudiar estos hechos.

a) La experiencia china

Es el ejemplo más duro de enfrentamiento con la crisis de drogas. Entenderlo es entender la historia de este problema en el pueblo chino y el momento específico en que se intenta darle solución.

El gobierno comunista, al acceder al poder en 1949, hizo de la erradicación de la adicción al opio un objetivo nacional prioritario. La imposición del opio a la comunidad surge de haber perdido la guerra con Inglaterra que necesitaba importar opio desde otra de sus colonias (India).

La pérdida de la guerra significó en uno de sus costos la entrada del opio. La lucha contra el opio era también políticamente la lucha contra el llamado imperialismo inglés. Se calcula que al llegar Mao-Tse-Tung al poder había 90 millones de adictos. Estos adictos compraban el opio cuya importación estaba prohibida nominalmente, pero que circulaba amparado por toda una red de corrupción de oficiales gubernamentales y de agentes de seguridad.

Los traficantes, desde Mao, se ejecutaban sumariamente a miles, y los adictos eran derivados a campos de rehabilitación de trabajo duro y forzado y con reeducación, después de sufrir un síndrome de abstinencia sin tratamiento. Todo esto se hizo con un gran apoyo popular y estaba unido políticamente a la protección del pueblo frente a las fuerzas imperialistas. En 1980 un grupo de expertos de todo el mundo que visitó China informaron que la endemia de drogas había sido controlada totalmente. En 1991, por contrabando desde la frontera sur, la adicción al opio estaba empezando a tener incidencia. Los recursos estatales volvieron a utilizar la misma metodología, aunque esta vez con demostración televisiva: en un solo día, 52 traficantes fueron ejecutados y colgados en la plaza pública.

Esta metodología sólo entendible desde el pueblo chino y desde la propia óptica del Estado comunista resulta difícil de ser entendida en un marco de una sociedad democrática en donde las libertades que consagran la Constitución y el valor de los poderes del Estado en su interjuego es fundamental.

Pero no hay duda de que este modelo chino es considerado como uno de los modos efectivos de controlar la oferta, los sucedáneos de la oferta (corrupción generalizada de las redes institucionales) y, por ende, de bajar los índices de consumo.

Desde una sociedad autoritaria, éste es el ejemplo magno de cómo generar una cultura adversa a las drogas o un marco de no tolerancia social a su uso que, como veremos, es uno de los antídotos que ha probado ser más eficaz cuando existe una alta disponibilidad de sustancias. El dilema es cómo lograr generar esta cultura adversa a las drogas en las sociedades democráticas. Aquí debe surgir desde el campo comunitario en todas sus redes institucionales, con un Estado facilitador y promotor de estas experiencias.

La experiencia china nos enseña algo: la sobreoferta genera demanda. Si el problema de las drogas tiene dos caras —oferta de sustancias y demanda por parte de la población misma—, esto nos alerta que la acción de una inundación de drogas en una comunidad con toda una red corrompida de fuerzas de seguridad y control es un marco propicio a un consumo generalizado.

El otro polo sería que la demanda genera oferta, o sea es el propio consumidor el que genera el mercado. Esta situación se da en circunstancias poco críticas sociales o sea de consumo de pequeñas elites de distinto tipo: artistas, delincuentes, etc. Pero cuando el consumo es generalizado se da el apotegma: *la sobreoferta genera demanda.* Parecería que el aumento de oferta está vinculado a una aceptación social que, si bien en lo formal puede no existir, se nota en la corrupción de las redes de control o en la ausencia de contención de las redes de orientación (familias, escuelas, etc.).

b) La experiencia japonesa

Otra vez debemos entender esta experiencia en estrecha relación con el momento histórico que vivía el pueblo japonés. Luego de la derrota de la segunda guerra mundial con todas las secuelas imaginables de ciudades devastadas, con grandes patologías sociales ligadas a catástrofes (experiencia de Hiroshima y Nagasaki) en donde aparece un uso endémico de anfetaminas. No es casual que en una época de gran crisis social y de depresión surja masivamente el uso de estos estimulantes que tienen un efecto antidepresivo o por lo menos de excitación del sistema nervioso.

Sugestivamente este fármaco estaba en poder de las fuerzas de aviación japonesa haciéndose ésta célebre a través de los llamados "kamikases" o aviadores suicidas.

El sobrante fue desviado a la población civil después de la guerra. Rápidamente se incrementó el número de homicidios y muertes así como los trastornos psiquiátricos ligados al uso abusivo de este estimulante.

La tolerancia social hacia la anfetamina varió bruscamente. Se cambiaron las legislaciones, se incautaron los fármacos, y al mismo tiempo se detuvo a una red clandestina de tráfico y comercialización. Rápidamente se terminó con la epidemia y desde ese momento, la adicción a las anfetaminas nunca volvió a ser un problema serio en Japón.

Acá, como en China, la crisis de drogas y su posterior control estuvo asociado a hechos críticos (la emergencia del comunismo y la necesidad de recrear una identidad nacional luego de una catástrofe en la situación japonesa); estas mismas situaciones históricas llevaron a que las medidas de neto corte jurídico y penal fueran acompañadas de un gran apoyo popular ya que se apelaba a recrear una mística ya sea revolucionaria y/o nacional.

c) El control del alcohol a través de la "ley seca"

El movimiento que lideró las primeras leyes de prohibición al alcohol era el llamado movimiento puritano. El primer elemento de control surgió en diferentes estados para luego lograr status nacional a través de la XVIII enmienda constitucional y el acta Volstead en los años inmediatos de la primera guerra mundial. El movimiento puritano está ligado a la tradición protestante que, como sabemos, incidió enormemente en la emergencia de la sociedad americana y en todo su cuerpo legal.

En el desarrollo histórico de los modelos sobre alcohol y drogas este momento específico ha sido denominado *perspectiva moral*.

Esta perspectiva consideraba las adicciones como un déficit espiritual. Había en el adicto al alcohol una intencionada violación de las reglas sociales.

Este punto de vista culminaba en la necesidad de un orden jurídico y penal para enfrentar estas desviaciones a la norma, que en el fondo remitían a un basamento moral.

La sanción social (a través fundamentalmente de los agentes de la ley), la orientación espiritual y la persuasión moral eran la única posibilidad para enfrentar estas situaciones. Todavía no existía una concepción de enfermedad como la que, recién introduce Alcohólicos Anónimos desde Ohio en 1935.

En 1919, la XVIII enmienda constitucional prohibió la manufactura, venta, transformación e importación de alcohol. Esta enmienda fue ratificada en 1920 y abolida a través de la XXI enmienda en 1933.

El movimiento prohibicionista de neto sesgo protestante era desde finales del siglo XIX considerado un movimiento progresista.*

Este movimiento progresista buscaba dos cosas:

a) Generar una normativa federal o sea nacional en todo el territorio.

Durante el siglo XIX el Gobierno Federal no tenía ningún control práctico sobre las profesiones de la salud y sobre las distintas sustancias psicoactivas que circulaban.

Esto llevaba a muchos problemas de salud pública, y las profesiones se sentían con el derecho de no ser controladas bajo ningún concepto. Mientras tanto, en Europa, las licencias médicas y farmacéuticas eran atribuciones federales.

Además, a principios del siglo XIX se había introducido el opio fumado en EE. UU. por trabajadores chinos contratados para construir la red de ferrocarriles de EE. UU., a esto debe unírsele la jeringa hipodérmica que unida al *aislamiento* de la morfina se podía ya inyectar.

La guerra civil había generado un alto consumo de alcohol y drogas y en todo este contexto histórico que comienza en los siglos XVIII y XIX no deben eludirse, en la primera treintena del siglo XX los acontecimientos derivados de la primera guerra mundial y la difusión de la revolución bolchevique.

Estos dos últimos hechos afectaron profundamente a EE. UU. y surgen los movimientos comunitarios que tratan de fortalecer el tejido social ante las amenazas que emanaban del kaiser y la revolución del 17. Es así como el historiador de las drogas David F. Musto dice: "...no es de sorprender que la prohibición se convirtiere en tal contexto en un vehículo de purificación moral."

---

*Musto, David F., "Pautas en el abuso de drogas y la respuesta de EE. UU.", en *El combate a las drogas en América*, Peter Smith, Fondo de Cultura Económica, 1993.

b) Generar una política restrictiva hacia los narcóticos en general, lo cual llevó al Acta Harrison a partir de 1915 que en realidad fue la puesta en vigor de la Convención de La Haya (1912) que exigía a sus signatarios imponer una legislación interna que controlara el abasto y la distribución de narcóticos.

Hay dos lecturas de este fenómeno de control estricto del alcohol. Uno es el mayormente publicitado: contrabando de licores, la emergencia de bandas criminales y lucha entre bandas por la posesión de los territorios. Esto fue tomado como motivo por la industria cinematográfica que pintó estos hechos con exceso, aunque negando otras realidades sociales y de la órbita de la salud pública que estaban ocurriendo.

La realidad menos mostrada —quizás porque dañaría ciertos intereses económicos— son los cambios notables en la tasa de morbilidad y mortalidad ligadas al alcohol desde la aplicación de la prohibición de venta de alcohol.

Las muertes por cirrosis alcohólica cayeron bruscamente después de la Ley Seca y subieron después de la derogación, en 1933.

Lo mismo sucedió en París con el racionamiento del vino durante la segunda guerra mundial; cuando la mortalidad por cirrosis cayó bruscamente en relación a décadas anteriores a la guerra.

En Finlandia entre 1951 y1953 se realizó un experimento con dos tipos de pueblos: en unos encontrar alcohol legalmente sólo podía lograrse en una localidad distante a 25 kms, en una tienda del Gobierno que monopolizaba la distribución y venta; mientras que en otros pueblos, los negocios de alcohol estaban cerca del consumidor.

Las tasas de consumo y de enfermedades asociadas era marcadamente diferencial entre un grupo de pueblos y el otro.

Facilitar el acceso a la cerveza y al vino dio como resultado un aumento sustancial del consumo total de alcohol.

En síntesis, la experiencia de las llamadas "ley seca" muestran, desde el punto de vista de la salud pública, que el consumo de drogas es sensible a la disponibilidad, y que a la vez, se va generando una cultura con mucha menor tendencia a la bebida que en la actualidad.

2. Epidemia de drogas

La dependencia a drogas es un fenómeno complejo. Desde el punto de vista psicológico implica una perturbación de la neurotransmisión química del sistema nervioso central que controla al ordenador que, como sabemos, es la base y condición de nuestro comportamiento cotidiano. Las drogas modifican la producción, liberación y la degradación de numerosos neurotransmisores y neuropéptidos cerebrales.

Esto, sin embargo, es una parte del problema. Para que las drogas actúen deteriorando la conducta y las pautas éticas de una persona es necesario que todo esto esté facilitado por un grupo de factores sociales, culturales y delictivos. Cuando las drogas se transforman en un problema social es porque el fenómeno individual ha sido superado por un conjunto de elementos de la trama socio-cultural.

Bejerot* en sus trabajos históricos reconoce cuatro tipos de toxicomanías:

2.a. Tipos de toxicomanías

- *terapéutica*: ligada a alternativas de la atención sanitaria y a efectos iatrogénicos de ciertos medicamentos que lleva a una habituación y/o dependencia a los mismos; como en el caso de los trastornos que pueden generar ciertos analgésicos indicados en el tratamiento del dolor con fórmulas que tienen sustancias opioides. De todas maneras para que esto se convierta en un problema para un paciente es necesario que existan elementos personales y/o familiares que lleven a esta conducta adictiva.

Este tipo de toxicomanías no representa en sí mismo un problema social y es controlable socialmente.

- *toxicomanía profesional*: fundamentalmente ligada a personal sanitario o con responsabilidades en trabajos de conducción de automóviles (taxis, remises, colectivos de corta y larga distancia, aviones, etc.). Ultimamente se da esta situación en profesiones ligadas al comercio y/o compra de bonos, acciones y agentes de bolsa o ejecutivos.

---

*Bejerot

En el personal sanitario lo encontramos en áreas de tratamiento de urgencia, terapia intensiva, guardias en general, cirujanos, tanto en personal médico como paramédicos (enfermeras, camilleros, conductores de ambulancias). El uso de estimulantes y alcohol como así también de sedantes es bastante habitual en este tipo de adictos. Lo mismo sucede en las otras profesiones.

El riesgo de esta adicción es mayor que en la toxicomanía llamada terapéutica, ya que encontramos el daño no sólo a sí sino a terceros como un elemento clave. Muchos accidentes automovilísticos, catástrofes aéreas, fluviales y/o terrestres así como actos médicos reñidos con la mala praxis son el corolario de este tipo de adicción. En el caso médico se complica por la posibilidad de manejo de recetarios que permiten una autoadministración permanente. De la misma manera este tipo de adictos es muy buscado por otros adictos por la facilidad en la disponibilidad de drogas; generándose así un problema crítico.

De todas maneras, si bien es seria en este tipo de adicción hay ciertos controles sociales que en algún momento funcionan (colegios médicos, controles sanitarios, actos médicos que caen en órbitas penales con sanciones, etc.); lo cual genera una instancia de contención a esta problemática.

- *toxicomanía endémica o cultural*: la sociedad acepta las drogas y esto genera un efecto alto de vulnerabilidad que lesiona fundamentalmente a los jóvenes. El contagio es rápido porque va de joven a joven por presión de pares.

La aceptación tiene distintas vías:

- ídolos sociales juveniles consumidores y que en sí mismos son rodeados por una aureola de prestigio y admiración que fomentan la mímesis y la imitación de conductas;

- corrupción en las escalas institucionales de control social (fuerzas de seguridad, judiciales, etc.) y a la vez la existencia de un marco normativo que contradice estas actitudes lo cual genera un factor sobreañadido y clave de anomia;

- campañas continuas e irresponsables por la liberalización de las drogas minimizando los riesgos de su uso;

- destrucción de los lazos solidarios sociales (barriales, vecinales) y comunitarios en general que fomentan por apatía la existencia de vendedores de drogas.

Esta toxicomanía necesita atacar ciertas estructuras de ordenamiento simbólico de la sociedad para actuar (corrupción en estructuras de poder) así surge la vulnerabilidad social máxima.

Un ejemplo histórico de esta vulnerabilidad se dio en la etapa crítica americana de la guerra de los indios. Gran parte del exterminio de los indios era debido a los regalos a los caciques, de alcohol de alta graduación con sustancias opiáceas. Esto generó un hábito en el consumidor, una dependencia del proveedor y a la vez una vulnerabilidad social de todo el grupo de indios que en una sociedad tradicional seguía las normas que emanaban de la máxima autoridad paterna que era el cacique. Todo esto sirvió a los fines de la dominación.

En el otro extremo se encuentra la sociedad judía clásica en donde existe una ausencia absoluta de drogas debido a las normas simbólicas de rechazo que hacían a este grupo poco vulnerable.

Todas las reservaciones indígenas americanas tienen centros de prevención y asistencia a su comunidad subsidiados con fondos federales y los propios descendientes relatan historias muy interesantes sobre la función social y de dominación de las drogas. Tuve oportunidad de visitarlos tanto en Nueva México, como en Tulsa (Arizona), y de compartir experiencias.

En la actualidad desde los medios de comunicación y por los distintos fenómenos de crisis de identidad cultural de las comunidades (desarraigo, migraciones masivas), así como por la pérdida de los lazos tradicionales de socialización (familia, escuela y valores religiosos), esta toxicomanía es muy importante ya que se favorece el contagio debido a la tolerancia social a las drogas que se alimenta a su vez de un vacío de sentido de la vida de vastas masas poblacionales.

La cadena de la corrupción a su vez alimenta aun más este fenómeno ya que genera otro hecho clave en las epidemias de drogas: la disponibilidad alta de sustancias químicas.

Hay estudios de la propagación de las drogas. Brown y colaboradores hablan de que debe transcurrir un promedio de nueve meses entre el momento que un heroinómano inicia a un novicio y el momento en que él se había iniciado.

La cadena de distribución con drogas

El mercado de la droga está basado precisamente en la venta a través de la cadena de adictos que va creando la misma estructura de distribución. En la Argentina fue muy habitual la venta domiciliaria de artículos de cocina llamados "tapper" en donde una vendedora reunía a un grupo de vecinas y ofrecía la mercadería. Esta vendedora antes había sido compradora. Su función ahora era generar nuevas vendedoras que a su vez vendieran y así sucesivamente. La droga está unida a esta estructura del *marketing.*

Lo mismo sucede con la cocaína que surge en un contacto directo con un amigo o una novia.

Al principio la droga aparece vinculada a sectores inadaptados de la sociedad (delincuentes juveniles, trastornos psiquiátricos juveniles, etc.), ésta sería la toxicomanía epidémica. Pero en la endémica o cultural no es necesario tener una patología social clara o trastornos de conducta para utilizar drogas. La propia tolerancia con alta disponibilidad fomenta en la post-modernidad estilos de vida peculiares: deserción deportiva, la cultura de la "marcha" con una gran cantidad de abuso de alcohol, alteración continua de los ciclos actividad-descanso y de los ritmos circadianos que alteran la dinámica sueño-vigilia.

Estrategias para generar un cambio positivo hacia la prevención

El líder para el cambio debe partir de datos que nos marca el contexto actual. Desde ahí debe generar un pensamiento estratégico para llegar a ciertas metas y objetivos.

El contexto del trabajo en drogas es complejo. El paradigma básico parte de la noción de la complejidad; no es un hecho simple. Intervienen muchas variables de tipo personal, familiar, social, cultural y además la propia oferta con su dinámica delictiva. En la complejidad, la problemática de la oferta (cantidad de droga en circulación y las distintas presiones para consumirlas) y la problemática de la demanda (la necesidad de consumirlas) se entrelazan mutuamente.

La complejidad, a su vez, se relaciona con la dinámica de las intervenciones. Un buen diagnóstico de la complejidad de cada territorio nos lleva a ser claros y precisar las distintas intervenciones: familiares, barriales, etc.

La intervención preventiva surge de un buen diagnóstico de la complejidad.

El contexto de complejidad además implica en el líder para el cambio, al cual definimos como un gestor social, una tarea permanente de unir sectores sociales de las distintas redes sociales (escolares, salud, organizaciones sociales, comunicacionales y públicas) desde cada territorio específico: el municipio, el barrio, el sector.

La gestión social de la complejidad culmina en cada territorio con la creación del grupo motor que resulta ser la "usina social"de proyectos e intervenciones que apuntan al barrio y en última instancia a las familias.

El grupo motor resulta de la unión de personas claves y organizaciones claves de cada territorio. Desde acá surgen los proyectos preventivos, los distintos sistemas de capacitación de líderes y organizaciones así como los distintos sistemas de evaluación de las diferentes intervenciones.

El esquema de trabajo para confrontarse socialmente con la crisis de drogas sería el siguiente:

MUNICIPIO
GRUPO MOTOR
ORGANIZACIONES PÚBLICAS
SALUD
EDUCACIÓN
ORGANIZA-CIONES SOCIALES
COMUNICACIÓN SOCIAL
PROYECTOS PREVENTIVOS
MODELOS DE INTERVENCIÓN GLOBAL
MODELOS DE INTERVENCIÓN EN SITUACIONES DE RIESGO SOCIAL ALTO
INFLUENCIANDO A
FAMILIAS
OPINIÓN PÚBLICA

CAPÍTULO VI

EL PARADIGMA DE LA COMPLEJIDAD Y LOS LÍDERES PARA EL CAMBIO

Crisis de drogas y contextos turbulentos

Trabajar una crisis de drogas como la que hoy actualmente vivimos implica analizar un contexto que no es plácido y cómodo sino un contexto básicamente cambiante y turbulento.

Los cambios no son lentos, sino acelerados. Nuevas drogas aparecen así como situaciones de pánico colectivo y/o de alarma social en diferentes comunidades.

El asunto es cómo liderar este cambio que toca todas las esferas de la acción social. De esta manera, surge una radical interdependencia de los actores y sectores que están implicados. La interdependencia nos lleva al análisis de la complejidad ya que la multitud de sectores afectados debe llevar a la partici-

La estructura del Estado y la complejidad

pación de los mismos desde una óptica comunitaria para afrontar las distintas situaciones que van apareciendo.

El pensamiento simple y unilineal debe ser abandonado. Debemos aprender a pensar en términos de complejidad. Este pensamiento conduce al diseño de un "know how" que se transforma en la estrategia para conducir la crisis.

El "know how" parte de la complejidad de la situación y fundamenta las intervenciones que son la forma de estar presente en la situación local de la manera más precisa. Ya sea en la localidad de un barrio, un municipio, una familia. Intervenir es marcar una presencia con bases científicas. Cuanto más compleja es una situación, más cerca de las realidades locales debemos estar.

La complejidad está unida a la intervención en lo local. En muchos casos la complejidad, derivada del fenómeno de globalidad mundial, implica el alejamiento de las realidades locales. Pero precisamente hoy para superar esta crisis de las mediaciones sociales hay que unir lo local con lo global. *Desde este lugar surge la noción de red que es una forma de generar un sistema de mediaciones entre lo local y lo global.*

Este paso de lo global y lo complejo hacia lo local y hacia la base del sistema social es un nuevo paradigma organizacional: *la estructura en red.* Esto desafía nuestro pensamiento que es más estático, mecánico, fijo y en una estructura de coordinación territorial y política (no de partidos sino de sectores en pugna).

La propia organización del Estado requiere una nueva reflexión. Daniel Bell, estudioso de los efectos de la sociedad postindustrial, nos dice: "El Estado Nacional hoy es demasiado pequeño para los grandes problemas del mundo y demasiado grande para los pequeños problemas de las comunidades."

El Estado actual es una realidad alejada de la base social y pequeña para enfrentar los requisitos de la "aldea global".

De ahí que la asociación entre Estados y del Estado con las organizaciones de la comunidad se hacen necesarias para generar un cierto equilibrio social.

Por eso es que todo "know how" hoy debe partir de la socialización de la información y la creación y fomento de organizaciones intermedias (en este caso dedicadas a la problemática de las drogadependencias).

Todo esto nos acerca al problema de la gobernabilidad de las crisis sociales en general, no sólo de las crisis de drogas.

Si durante siglos la solución sólo pasaba por las mediaciones entre el individuo, la familia y el Estado, el problema es cómo, ahora, lograr un cambio en esta perspectiva. La noción de que el Estado era la base de la salvación ha hecho crisis en las sociedades complejas. Por esto también muchos han quedado fuera: marginados, desintegrados de los vínculos de socialización. Otros prefieren abandonar la sociedad a través de sectas fundamentalistas, drogas, etc.

De todo esto surge la necesidad de *gobernabilidad* recreando sistemas de mediaciones para poder acercar respuestas a las demandas. Por supuesto que la disciplina social queda alterada así como los vínculos de solidaridad y compromisos recíprocos. El Estado ha dejado de ser el único centro del poder. Surgen nuevos centros de poder y de mediaciones locales, de orientación pluralista no politizadas, y que funcionan como pequeñas minorías altamente activas y organizadas centradas en objetivos muy concretos.

Esta crisis de la noción del Estado en la complejidad se une a la crisis del marco familiar. Anteriormente ésta concentraba la crianza, educación de los niños, cuidado de enfermos, ancianos, etc. Hoy hay diferentes organizaciones que se ocupan de estas funciones y además se han agregado como ingrediente de la complejidad, los valores que se promueven desde los medios de comunicación, que en muchos casos atacan la gobernabilidad de una crisis de drogas.

La complejidad y el escenario de la inestabilidad

Hoy lo normal es el cambio, no el equilibrio. Además, no hay un solo escenario previsible, sino varios. Surge en el hombre post-moderno la noción de incertidumbre.

Frente a este contexto cambiante el líder como gerente social debe incorporar la noción de red de relaciones sobre las que se basa una capacidad de vínculo con distintos sectores y con una capacidad de negociación permanente y la creación de un sistema estable de asesoramiento para poder cabalgar las crisis.

Sólo esto permite responder a los flujos cambiantes que surgen de las demandas y necesidades locales.

El líder debe perfeccionarse en Relaciones Humanas y en el trabajo creativo de los grupos : de opinión, de poder, de presión que existen en toda comunidad.

El pasado no es la única guía de nuestras acciones, sino un análisis de los futuros previsibles. La red de relaciones humanas que se establece, la creación de grupos variados y la potenciación de los efectos de cambio que todo grupo tiene favorece la tasa de innovación que permitirá atender los reclamos de la realidad.

El líder aquí debe funcionar como un motivador y un facilitador de los cambios canalizándolos a través de operatorias concretas de capacitación y de una red de servicios tanto preventivos como asistenciales.

La difusión sistemática de la información entre todos los sectores de la red es otro hecho clave, así como la promoción de la participación de los actores claves de cada eslabón de la red y una gran motivación de los integrantes, son diferentes hechos que fundan la nueva cultura organizacional en los tiempos de la complejidad.

El líder en tiempos de cambio

Judith Bardevick* distingue dos tipos de liderazgo: la gestión en tiempo de paz y el liderazgo en tiempos de guerra. El término tiempos de guerra no alude a la guerra en sí, sino a contextos turbulentos e inciertos como anteriormente citamos.

En tiempos de paz, donde hay situaciones cómodas y seguras, el statu quo es lo buscado por la comunidad. El tiempo de guerra es un contexto poco predecible, radicalmente incómodo y poco seguro.

---

*Bardervick, Judith, "Gestión en tiempo de paz y liderazgo en tiempo de guerra", en *El líder del futuro*, Deusto, pág. 161.

La autora define a la sociedad actual y a todas sus consecuencias (drogas por ejemplo) como a una realidad en donde las condiciones de paz han finalizado. Antes se veía "el peligro en la zona de comodidad", hoy se busca encontrar la comodidad en un peligro interminable". O sea, la zona de comodidad está siendo sustituida por un peligro interminable.

La autora menciona que es en estas situaciones de transiciones turbulentas e inciertas en donde la formación de líderes y la necesidad de líderes por parte de la comunidad es ostensible.

Existen ciertos parámetros en tiempos de crisis de drogas que el líder debe respetar.

Diagnóstico social de lo local

a) Realizar un buen *diagnóstico social* de la situación local: cuál es el estado de la comunidad con respecto al problema de drogas. Un registro de vigilancia epidemiológica de ese territorio se hace necesario como el que posee la provincia de Buenos Aires a través del Observatorio de drogadependencias que valoriza el nivel de consumo, tipo y perfil sociológico de los consumidores y sus familias, dónde se consume (solo, con amigos, en la escuela, etc.) y en qué circunstancias se consume (solo, los fines de semana, en discos, etc.). Así mismo observar cuál es la percepción social que tiene la gente con respecto a las drogas: si es un problema delictivo, marginal o un fenómeno socio-familiar.

El diagnóstico incluye un estudio del terreno : estructura social de ese territorio, edades, género, nivel de ocupación global, tipos de trabajo, infraestructura mínima de servicios de esa localidad (escuelas, lugares de ocio y tiempo libre, locales de diversión, hospitales, instituciones religiosas, instituciones de servicio social, etc.). Un diagnóstico certero no debe olvidar la palabra de informantes privilegiados de la comunidad o la opinión que sobre el tema tengan las instituciones claves de la misma. Maestros, jueces, policías, psicólogos, vecinos reconocidos poseen un bagaje de conocimientos de esa localidad y habitualmente conocen la historia y la identidad de ese territorio.

Acá volvemos a encontrar el problema de la percepción social del fenómeno. Se puede, por ejemplo, estar preocupado por las drogas, pero sugestivamente el mundo adulto desconoce el papel del alcohol y sus consecuencias. Por eso no educan, ni sensibilizan a los jóvenes sobre los efectos del alcohol.

La percepción social también nos mostrará el índice de participación que la comunidad prevé para enfrentar la crisis de drogas. Si sólo creen que el problema debe enfrentarlo el Estado esto significa una apatía y abulia social que en la operatoria concreta debe ser transformada ya que es la comunidad y sus familias las que se deben implicar. La percepción social nos permite analizar, por lo tanto, el grado de conciencia de la comunidad.

El objetivo final de nuestra tarea es la creación de un frente comunitario preventivo a través de la activación de los grupos motores locales; por lo tanto debemos también realizar un inventario de todas las instituciones que ya trabajan en el campo de las drogas, y además las que actúan en el campo social con sectores de alta vulnerabilidad (violencia familiar, pobreza marginalizada). La provincia de Buenos Aires tiene todo un conjunto de operativos preventivos a través de la formación de líderes barriales y comunitarios y en conjunto con el Consejo de la Familia y Desarrollo Humano forma las trabajadoras vecinales, que resuelven la demanda nutricional de vastos sectores marginales en barrios críticos, en prevención comunitaria de las adicciones.

Grupo motor local

b) *Estructuración del grupo motor local: base del frente comunitario preventivo:*

Es necesaria una negociación con todos los sectores de poder de la localidad. En el caso de la provincia de Buenos Aires con la estructura municipal que es la base territorial fundamental de acción y con todos los sectores públicos y/o no gubernamentales implicados.

La puerta abierta del municipio y la comunidad va a ir determinando cuáles son las prioridades y se va formando un banco de recursos : humanos y materiales para enfrentar la crisis.

El Programa "10.000 Líderes para el Cambio" trabaja sobre la base de distintas redes que se dan en el territorio y que de alguna manera hallan representadas en el territorio: red de salud, red educativa, red de organizaciones comunitarias, red municipal de servicios, red de comunicación social.

Estas redes son recursos potenciales distribuidos en el territorio. La potencialidad debe ser enfatizada a través de una socialización de la información y del conocimiento en una estrategia de capacitación con módulos formativos y talleres sobre drogadependencia, gestión social, familia, proyectos preventivos, toxicología, marco legal, etc.

La capacitación forma parte de la llamada "formación de formadores" en donde se promueven liderazgos en las distintas redes implicadas.

c) *Diseño de los proyectos preventivo-asistenciales*

Proyectos preventivos asistenciales

Cada comunidad en sus distintas redes necesita de determinadas acciones. Dividimos la provincia de Buenos Aires en *zonas de alto riesgo, mediano riesgo y bajo riesgo.*

En zonas de *alto riesgo* los proyectos están vinculados, en primer lugar, a resolver la problemática asistencial. Habitualmente en estos lugares la droga convivió con la comunidad desde mucho tiempo atrás y la primera urgencia y prioridad es resolver la demanda de asistencia. Pero, conjuntamente con esto es necesaria una movilización preventiva a los fines de generar, precisamente, esta demanda.

En sectores de alto riesgo la droga no es vivida plenamente como una enfermedad, sino sólo parcialmente. Es, en parte, una fatalidad del destino, un elemento de sobrevivencia ya que ayuda al trafiadicto a la manutención del hogar, algo emparentado con el delito y oscurecido por otras historias bastante comunes de delincuentes en estas familias, o quizás se confunde con el discapacitado mental que está en la casa o con el marido alcoholista crónico, ambos ya sin cura.

En estos sectores de alto riesgo, la adicción como problemática sanitaria no existe. Son sectores con escasa o nula educación para la salud y fundamentalmente sin esperanzas.

En la provincia de Buenos Aires, al principio de nuestra gestión en 1993, establecimos rápidamente un sistema de captación en barrios críticos a través de consultorios de admisión; esto unido a una política de movilización de barrios y comunidades. Rápidamente estos consultorios se convirtieron en una verdadera boca de entrada de cientos de consumidores que así iniciaron su rehabilitación.

Esta experiencia la realizamos al principio de nuestra acción en distintos distritos de riesgo. En el municipio de Pilar (que limita con distritos del conurbano y que además posee la peculiaridad de recibir una población de ocio de fin de semana muy grande), comenzamos con consultorios de admisión en zonas muy carenciadas y de alta deserción escolar y delictividad.

Cuando la secretaría se desarrolló, a partir de 1996, en conjunción con el Obispado de San Isidro se realizó una estrategia de mayor penetración en la base del sistema social. Se crearon los grupos GABA (Grupos de Adictos Bonaerenses Anónimos): grupos de autoayuda basados en la experiencia de Alcohólicos Anónimos y Narcóticos Anónimos que surgieron de pacientes rehabilitados en la Secretaría en los sistemas de tratamiento ambulatorio o residencial y que además habían realizado la experiencia en las citadas organizaciones de autoayuda.

El GABA se estructuró con un programa de formación en la Universidad del Salvador con una directora de capacitación y un supervisor semanal con experiencia en psicología institucional y terapia de grupos. Esto significó una cobertura profesional de contención en un equipo de operadores adictos en rehabilitación. La cobertura profesional permitió no sólo la capacitación y la supervisión de los problemas de las recaídas en los operadores, tema importante por la misión que estaban realizando dentro de un sistema público.

Los GABA comenzaron a funcionar en barrios carenciados y muy "tomados" por los distribuidores de drogas: Virreyes, La Cava, Boulogne, etc. Captaron a cientos de pacientes que de otra manera no hubieran concurrido. Los primeros lugares de contención fueron iglesias, sociedades vecinales y escuelas.

Los pacientes luego ingresan en otra estructura de la red: centros de admisión, comunidades terapéuticas, etc. Incluso si existían dificultades en el proceso de contención de los GABA ingresaban a un sector de mayor complejidad de la red.

La red asistencial va de mínima a máxima complejidad de acuerdo con la peculiaridad diagnóstica. Luego la explicaremos más detalladamente pero los eslabones son los siguientes:

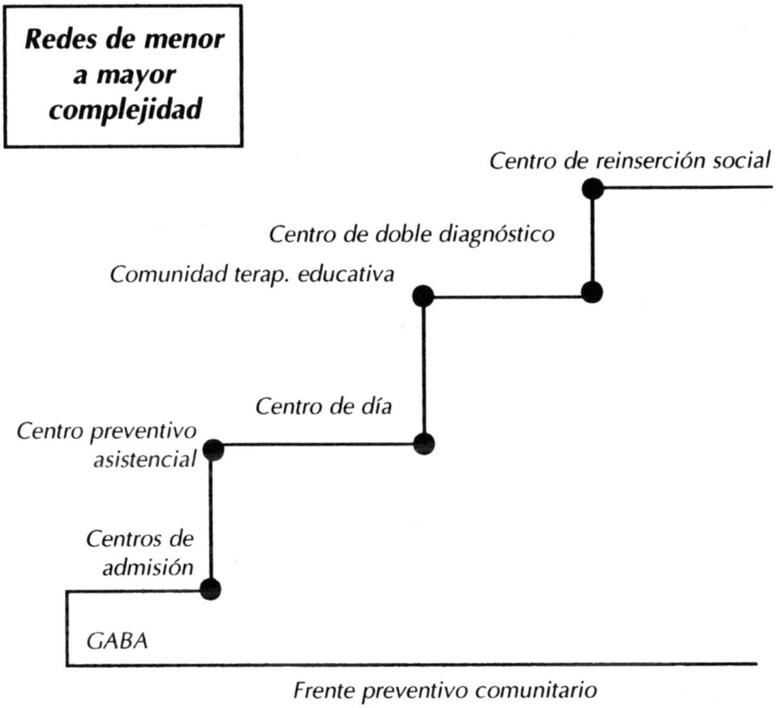

Frente preventivo comunitario

La base del sistema asistencial es el frente preventivo comunitario. En el Obispado de San Isidro el sistema preventivo natural eran los llamados GRUPOS COLUMNA, grupo de orientación ético religiosa que captaba a jóvenes en situaciones de alto riesgo. Ahí aparecía el problema de la droga de muchos de ellos y la próxima etapa de la red eran los Grupos GABA de la localidad.

Los Grupos Columna eran grupos que la secretaría financiaba y que tenían toda una estrategia de contención que derivaba de la orientación del Obispado.

También en situaciones de alto riesgo es necesario trabajar con los sistemas de atención primaria de los centros sanitarios barriales y hospitales de comunidad que reciben patologías de emergencias tóxicas ligadas habitualmente a accidentes automovilísticos, violencia callejera, etc.

Podemos diseñar el siguiente esquema de servicios en la red preventiva asistencial en zonas de alto riesgo:

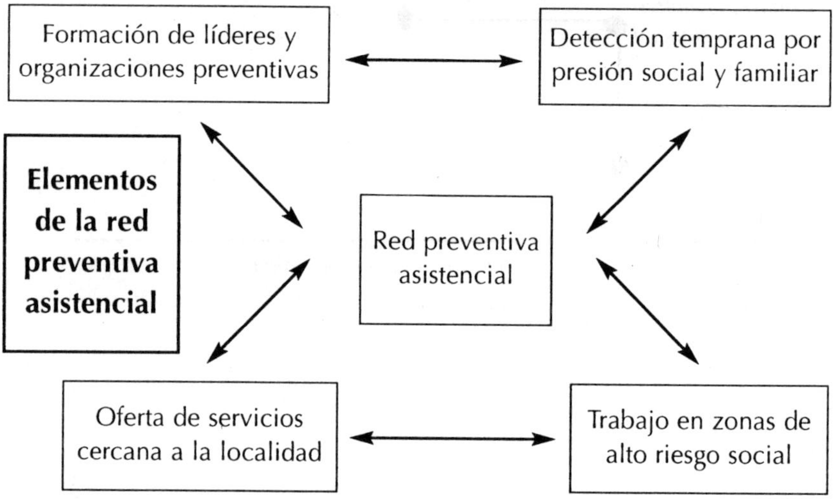

En estas zonas la movilización del frente comunitario preventivo-asistencial surge también de las trabajadoras vecinales que habitualmente dentro de los Programas del Consejo de la Familia y Desarrollo humano resuelve demandas mínimas nutricionales en mujeres embarazadas y en niños de 0 a 5 años de edad. Estas trabajadoras vecinales son elegidas en los barrios en función de un consenso comunitario y de las organizaciones de esa localidad. En esas realidades barriales, el consumo de drogas suele ser alto y "las manzaneras" (así también son llamadas) reciben una capacitación mínima de tipo preventivo que potencia los efectos de detección temprana y de rehabilitación en situaciones crónicas. En estas zonas es donde el narcotráfico se instala activamente y en donde la onda epidémica se puede transformar en pandémica.

Situaciones de mediano riesgo social

En situaciones de mediano riesgo social: en estos sectores es importante la activación de la red escolar y de los recursos familiares.

La capacitación de docentes, líderes juveniles y padres a través de Escuelas para padres resulta ser un elemento clave.

El alcohol en estos grupos no es vivido como una amenaza para la salud juvenil. Se tolera la venta de alcohol a menores y los vandalismos que en los pueblos ocasionan las alcoholizaciones de fin de semana. Las normas de no venta de alcohol a menores no se cumple, y además no se considera un delito este hecho por la falta de concientización comunitaria. La estrategia del análisis de los efectos de las drogas "porteras" y de iniciación como el alcohol y el tabaco son fundamentales así como el reforzamiento de los cuidados, la protección y los límites familiares en momentos de estrés evolutivos (pubertad y adolescencia).

Bajo riesgo social

Situaciones de bajo riesgo social: La prevención específica está destinada a poblaciones de alto y mediano riesgo social; aquí la tarea de concientización y la potenciación de la demanda de asistencia es básico.

La prevención inespecífica es especialmente útil en poblaciones de bajo riesgo social. Potenciar el deporte, el ocio recreativo, el arte, la vida cultural, la vida familiar, la escuela promotora de un "saber vivir" son elementos decisivos en estas comunidades.

Hemos desarrollado en muchas de estas zonas, campamentos educativos de fin de semana que nuclean a miles de niños y adolescentes al año, desde organizaciones no gubernamentales cuya meta es el desarrollo ético: iglesias y *boy-scouts.*

La evaluación de estos programas ha resultado ser muy positiva.

Management de las crisis de drogas

El *management* de las crisis de drogas y el liderazgo surgen del reconocimiento de la realidad. No hay liderazgos natos o heredados.

Surgen de la posibilidad de organizar un contexto de respuestas. El líder surge desde la eficiencia de las mismas, no surge de una posición formal en la estructura del poder provincial y/o municipal.

El liderazgo es tal cuando se asume la realidad.

El líder tiene seguidores cuando es responsable. La responsabilidad es base del liderazgo así como lo es la eficiencia.

Todo esto debe estar unido a la transparencia de las decisiones y a la honestidad de los procedimientos.

El líder de la sociedad de hoy no se valida sólo por su discurso, sino fundamentalmente por sus realizaciones.

La meta de las realizaciones es el cambio.

En tiempos de crisis de drogas se busca el cambio y para ello hace falta hacer.

El líder es escuchado porque la comunidad afectada necesita de orientaciones y acciones para enfrentar una situación crítica que toca a las distintas redes sociales afectadas (escuelas, por ejemplo). El líder para el cambio o las organizaciones claves de una comunidad que participan de la tarea se transforman en mediadores sociales de cambio.

El mediador además organiza los recursos de la comunidad, o sea genera una organización para bloquear la crisis en su sentido negativo y canalizarla hacia un cambio positivo.

Liderazgo y organización

La organización tiene claramente delimitada una misión, objetivos, y la tarea esencial es optimizar y motivar todos los recursos.

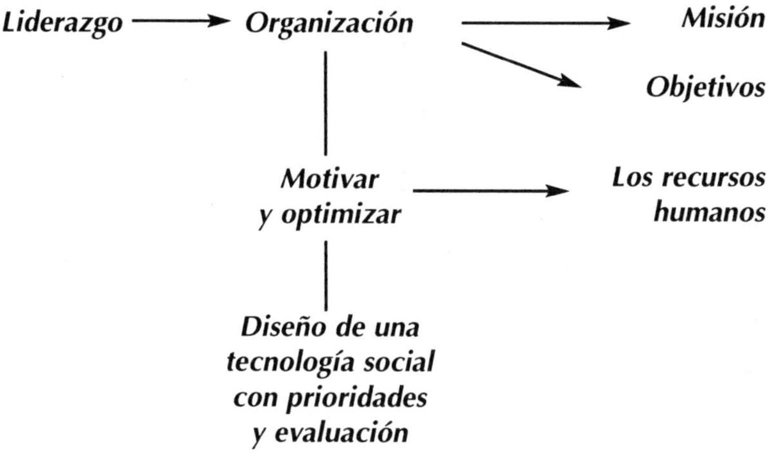

La organización con la optimización de los recursos humanos lleva al diseño de una tecnología social de abordaje de las crisis, estableciendo prioridades y una metodología permanente de evaluación.

El líder además establece las normas de actuación ya sea en el campo de la capacitación como en la evaluación de los proyectos preventivos.

La socialización permanente de la información existente en las localidades o de los resultados de las actuaciones es permanente, ya sea con el grupo motor o con los que están gestionando un proyecto concreto.

Esta socialización no sólo potencia la vida de los grupos sino que fundamentalmente transforma todo hecho social en un hecho de capacitación y por ende, de espiral de creación e innovación tecnológica de todas las herramientas que se están usando.

Su actitud es educativa, o sea promotora, nunca demagógica. Otra función del mediador es el desarrollo de la capacidad prospectiva en los grupos. Todos deben aprendenr a intuir escenarios futuros, algo esencial en tiempos crisis.

La intuición de escenarios surge de una buena información y de su conexión con realidad.

Su cálculo de futuro en la evaluación de los resultados y en los objetivos por lograr debe estar siempre marcado por lo posible. La perfección no existe en las sociedades complejas. No hay aquí un solo desenlace, sino varios y siempre abiertos.

En el campo de las drogas, el cambio cultural necesario en los estilos de vida lleva varias generaciones y opera por un proceso acumulativo que supera a los agentes particulares o programas sociales. Es siempre función de múltiples redes de contención social.

La contención del problema parece ser una pauta posible en una comunidad frente a la sobreoferta y a la crisis cultural, base de la epidemia. Pero esta contención supone la multiplicación de distintos nudos de la red, lo cual es una construcción y una gestión social que lleva tiempo.

El mediador debe ser vivido como alguien auténtico y esencialmente comprometido así como dijimos antes su conducta transparenta honestidad. Desde acá irradia contagio emocional y energía a sus seguidores.

En esto se parecen líderes de distinta orientación y que generaron cambios en la historia de las comunidades. Algunos eran taciturnos y obsesivos. Otros más extrovertidos y casi hipomaníacos. Desde lo científico o desde el campo de las técnicas. Desde la política o desde las creencias filosóficas y/o religiosas. Desde el deporte o la cultura.

El cambio se contagiaba emocionalmente pero se notaba en todos un compromiso, honestidad, autenticidad y que las ideas generaban un cambio en la realidad.

Liderazgo y personalización

Aquí es donde el liderazgo se personaliza. La tentación de la demagogia debe ser vencida. La personalización en la cumbre de cada organización es necesaria, pero sólo debe convertirse en un aglutinante de esa comunidad que se está formando. Todo esto unido a la socialización de la información, la evaluación y la asesoría externa de las organizaciones. Pero esta personalización necesita ser vivida en la organización especialmente en las primeras etapas. Es un fenómeno necesario y coyuntural hasta tanto la organización vaya asumiendo nuevos roles y funciones.

La misma delegación lleva a la descentralización de las decisiones y a la creación de grupos autónomos territoriales.

En la provincia de Buenos Aires, la división en regiones (18) facilita este fenómeno. Las 18 regiones engloban 134 municipios.

La personalización, la descentralización y la delegación generan una identidad común.

La identidad es la base de cualquier organización. Representa las ideas, objetivos y convicciones más profundas. Es además la base sobre la cual se van a identificar todos los miembros y por ende, ayuda a la perpetuación de la organización y a su multiplicación y crecimiento permanentes.

Cuando una institución crece adquiere sus propios rituales, ceremonias, escudos, emblemas, signos y símbolos que a su vez fortalecen el proceso identificatorio.

El riesgo en este momento es la transformación de la institución en un sistema cerrado. La institución cierra sus puertas al crecimiento. Ritualiza sus procedimientos. Considera al afuera una manera persecutoria. Entra en un proceso de entropía. Muere. Se fosiliza. La garantía vital de una organización es ser un sistema abierto: en lo interior y hacia el exterior. Discusión. Debate. Evaluación. Asesoría externa. Negociación y reconocimiento de nuevos factores de poder. Aceptar a los nuevos y especialmente si demuestran ser mejores que los que ya están. Aceptar lo nuevo, desde un prisma de identidad ya consolidado.

Una institución abierta es la que está volcada hacia adentro tratando permanentemente de integrar a las personas a un proyecto común y con valores compartidos. Además un lugar permanente de socialización del conocimiento con una tarea conjunta de enseñanza y aprendizaje.

Pero el objetivo siempre es el otro: el paciente bien atendido, la calidad del servicio preventivo. O sea la eficacia y la eficiencia. Esto abre el sistema permanente y maxime cuando existe un sistema de evaluación de la gestión con las familias, los pacientes y la comunidad.

CAPÍTULO VII

EL PROFESIONAL DE LA DROGADEPENDENCIA EN LA ACTUALIDAD

Desafíos en relación al problema de las drogas

Debemos aprender de algunos países europeos y específicamente de algunos de ellos (España, por ejemplo), que han logrado pasar de la alarma social a la convivencialidad con las drogas dentro de un marco global de políticas preventivas y asistenciales.

La alarma social estaba caracterizada por una opinión pública que consideraba, con pánico, el problema de las drogas como el principal problema comunitario. Se consideraba a la comunidad como en riesgo o en peligro claro frente a esta situación, el Estado era inerme y el voluntarismo solidario de distintos grupos ciudadanos como la única solución. Esto iba seguido de la oposición a la creación de centros de asistencia en los barrios y a un fenómeno de delegación en donde el consumidor de drogas era el culpable y el responsable de los distintos malestares sociales.

En esta primera etapa crítica no había políticas públicas, el problema de los tratamientos estaba en manos de grupos no profesionales e incluso sectarios y la política preventiva era inexistente.

Cambios en las perspectivas del problema

La única respuesta posible en el primer modelo de alarma social era la internación. El cambio surge cuando se diversifican los servicios comenzando por una intensa acción preventiva desde la intimidad de la vida social: los barrios, las familias, las escuelas y las diversas organizaciones sociales. Se forman mediadores o líderes para el cambio desde los diversos lugares por donde circula el saber y la educación.

a) Construcción de una red pública diversificada de asistencia y prevención

En nuestra provincia de Buenos Aires, el líder genera proyectos preventivos en sus tres modalidades reconocidas: primaria, secundaria y terciaria. Lo que distingue al líder para el cambio como mediador comunitario no es sólo su información sino su formación y capacidad para estructurar y organizar proyectos de desarrollo social y comunitario. Cada localidad va estructurando una red de recursos preventivos y se diversifican los recursos asistenciales que no sólo atienden a la internación (recurso último cuando es necesario), sino que perfeccionan los sistemas de admisión, diagnóstico y tratamiento de tipo ambulatorio, Centros de día, formas creativas de participación de la familia para el mantenimiento de la abstinencia o para el cuidado del paciente frente a su impulsividad. Poner en marcha una oferta pública es fundamental y ésta debe ir seguida de un marco de profesionales que garanticen un método científico y evaluable de las distintas intervenciones.

Una red profesionalizada incluye a los profesionales tradicionales y también a las profesiones no tradicionales (educadores, operadores socioterapéuticos, adictos rehabilitados). El sesgo de esta red debe ser la fidelidad a un marco conceptual científico y una metodología que incorpore permanentemente la evaluación, la auditoría, la supervisión y el respeto a estándares y normas de trabajo consensuadas a través de Asociaciones profesionales de organizaciones que permitan acreditar aquello que se hace de acuerdo con un cierto código.

La red surge desde un trabajador vecinal capacitado en prevención, pasando por el Centro preventivo asistencial, las unidades hospitalarias de desintoxicación, las comunidades terapéuticas en sus distintas fases hasta el Centro de reinserción. La red garantiza una atención de la complejidad del hecho adictivo en sus distintas alternativas diagnósticas que van desde el consumidor inicial hasta el consumidor crónico y las distintas patologías asociadas así como la comorbilidad que se halla cada vez más presente en los pacientes de doble diagnóstico.

Además, se deben diversificar los servicios generando una especialización superior: cárceles, síndromes psiquiátricos asociados, trastornos orgánicos con alteraciones cognitivas, trastornos orgánicos, psiquiátricos y demenciales asociados al sida.

b) Concreción de un sistema universitario de formación

La red universitaria es otro elemento esencial para la formación del profesional en prevención y asistencia.

En este aspecto las distintas universidades asociadas al Programa "10.000 Líderes para el Cambio" con el liderazgo de la Universidad del Salvador es un elemento de transformación social fundamental.

No sólo la complejidad del hecho adictivo exige una formación cuaternaria sino y, quizás, como lo más fundamental es que la formación universitaria participa de un proceso que hoy se define en el mundo como el de Universidad y Desarrollo Social.

c) Fortificación y acreditación de las organizaciones sociales y las organizaciones no gubernamentales

La droga y los drogadictos dejan de ser un fenómeno marginal y marginado alejado y sólo escuchado desde las noticias policiales, para ser un fenómeno trabajado desde sus orígenes evolutivos y sus fundamentos antropológicos.

Las organizaciones intermedias, algunas ligadas a la prevención inespecífica y/o específica y otras a la asistencia, son los elementos dinámicos del proceso de activación comunitaria.

La activación de la comunidad, superando la etapa moralizante del fenómeno que lleva al pánico, es el ingrediente esencial del proceso.

d) Objetivar la percepción social del fenómeno adictivo

Ellas son las que están en contacto permanente con los reclamos de la comunidad, sus demandas y deben servir para incrementar la oferta de servicios.

El trabajo con los medios de comunicación informando la marcha de la epidemia debe ser continuo, pero a la vez ofrecer una salida a través de una oferta de servicios.

El dinamismo de la red preventivo-asistencial, la oferta de prestaciones y la pedagogía permanente de la detección precoz debe ser multiplicada a través de los medios de comunicación social tanto desde los locales hasta las cadenas nacionales.

El mensaje debe respetar los códigos; uno de ellos emana de los fundamentos preventivos en toda acción comunitaria que busca promover la salud, la detección precoz y la rehabilitación y por otra parte, respetar el lenguaje propio de los medios basados en la noticia no exenta de dramatismo y en la creación del impacto para mantener el "rating" y alejar el "zapping".

Mantener estos dos límites es una tarea importante. Si solamente respetamos el código que marca la prevención, nuestro mensaje corre el riesgo de ser desechado. Si solamente pensamos en los códigos hoy presentes en los medios de comunicación seguramente se llegará a la politización del problema o a transformarlo en una noticia más de la realidad.

Objetivar la percepción social del problema no es sólo tarea que debemos realizar con los medios de comunicación social sino de todas aquellas instancias que median entre los seres humanos: escuelas y organizaciones intermedias. La activación de las mismas debe ser permanente.

El objetivo es presentar el problema de las drogas como un problema social, familiar y personal con una oferta de servicios para empezar a enfrentarlo y resolverlo. Demonizarlo, favorecer la paranoia social, promover la delegación hacia ciertos grupos sociales (inmigrantes por ejemplo) es precisamente subjetivizar la percepción social. Objetivar es poder convivir con un problema contemporáneo a nuestro vivir post-moderno sin aceptarlo. Objetivar es fundamentar la acción preventiva en los cambios de comportamiento de riesgo que en muchos casos la propia cultura post-moderna promueve como valores y conductas aceptables. Objetivar por último es hacer participar protagónicamente a la red de familias en la prevención y protección social ya que la vida familiar es el seno natural y simbólico de la salud.

Resumen

El pasaje de la alarma social, promotora de una mayor marginación del problema de las drogas, al trabajo social sobre el mismo que implica una contención comunitaria y una oferta de servicios que canalice y lo trate pasa por la estructuración de cuatro acciones:

- construcción de una red pública diversificada de formación;
- concreción de una red universitaria de formación;
- fortificación de las organizaciones sociales y de las organizaciones no gubernamentales;
- objetivar la percepción social del fenómeno-adictivo.

El objetivo es lograr cambios de comportamiento de riesgo que la propia cultura promueve y la potenciación preventiva de la familia.

Las redes preventivas y el frente comunitario

La epidemia exige un frente social para bloquearlo que debe actuar desde la intimidad de la vida familiar en primera instancia articulado todo a diversos redes sociales:

- Red de escuelas.
- Red de salud.
- Red de organizaciones sociales.
- Red comunicacional.

El trabajo en redes se organiza desde las propias localidades, siendo el municipio y las redes de barrios las bases mínimas de acción.

Rápidamente surgen organizaciones claves en cada localidad y personas claves que van a potenciar la organización comunitaria que es clave para detener el proceso entrópico y la decadencia que la droga genera en los distintos sistemas sociales.

El líder que surge de este trabajo funciona como un mediador comunitario que permite el contacto entre la comunidad y los servicios (preventivos, curativos y de promoción de la salud). El proyecto es la esencia misma de la tarea del líder y este proyecto es vinculante entre la demanda, la necesidad y la oferta de servicios.

En la intimidad de los barrios no llega el servicio. Esto, unido al aislamiento al cual lleva el consumo habitual de drogas, aumenta la marginación del consumidor y las distintas consecuencias: enfermedades asociadas, delitos, violencia social, etc.

El servicio debe llegar a través del trabajo en red por líderes mediadores.

Además, la organización comunitaria que promueve el programa limita la acción delictiva en la medida que surge la necesidad de normatizar la vida ciudadana atendiendo a la protección de la minoridad (horarios, control de bandas, cuidado de los sectores de mayor riesgo).

La oferta de servicios preventivo-asistenciales y la normatividad a la cual lleva trabajar sobre la organización de una comunidad son los elementos claves. La tarea del mediador es posibilitar esto.

Funciones del mediador como líder para el cambio

Funciones del mediador como líder para el cambio

1. Trabajar sobre la comunidad como objeto posibilitando la unión de las organizaciones claves del tejido social.

2. Debe saber registrar un material informativo epidemiológico para poder actuar en la realidad privilegiando:

2.a. factores y zonas de riesgo;

2.b. generar una conciencia comunitaria de la detección precoz en función de comportamientos de riesgo individuales y colectivos;

2.c. situaciones de desestructuración social;

2.d. estudiar y operar sobre los valores predominantes en cada localidad y las actitudes que están en vigencia en los sectores de mayor riesgo;

2.e. las situaciones de estrés psicosocial que operan en cada territorio cultural: nivel educacional, nivel de educación sanitaria, calidad de la vivienda, tipo de familia, niveles de integración social de los diversos grupos que viven en la comunidad.

3. En la medida en que trabajamos sobre enfermedades crónicas, progresivas y terminales el mediador-líder debe comprender que en las sociedades complejas actuales las enfermedades están relacionadas con el *estilo de vida.* En este tipo de sociedades disminuye paradójicamente el valor salud, ya que existe una contradicción entre los comportamientos que son propuestos por la cultura de imágenes y de masas (alimentación no balanceada y sedentarismo, por ejemplo), y por otra parte lo que necesita el ser humano para crecer en un estilo de vida sano.

Eso determina que los factores de riesgo no se valorizan como negativos sino como positivos o incluso prestigiados. El culto a la velocidad, el uso de drogas, la alcoholización recreativa son algunos de los comportamientos prestigiados. Esto no sólo acontece en el campo de las drogas. Hoy la mayoría de las enfermedades tienen que ver con fenómenos conductuales (accidentes cardio-vasculares, cáncer, accidentología, etc.).

El mediador líder debe trabajar sobre la concientización del riesgo. Debe cuidar para ello de no generar un discurso apocalíptico y alejado del tiempo histórico que se vive. Su propuesta debe estar basada en los valores positivos que la propia cultura de imágenes posee y activar a las personas claves y a las organizaciones claves de cada territorio para un trabajo ético que supone la promoción de la vida. Se debe trabajar permanentemente sobre las consecuencias que la propuesta consumista tiene sobre la salud individual y social.

Un ejemplo de esto fue el trabajo que realizamos sobre los efectos de la alcoholización en el último verano. Realizamos por primera vez en la Argentina la alcoholemia en las rutas y en la vida nocturna. Sólo mostramos hechos. Rápidamente la opinión pública a través de comunicadores claves fueron sacando conclusiones acerca de las causas, motivos, no regulación de la actividad nocturna y su comparación con otros países, etc.

El trabajo sobre las consecuencias llevó a generar un consenso social para lograr cambios de comportamiento.

En las sociedades complejas las mediaciones entre los seres humanos pasan por otros elementos distintos de los de las sociedades tradicionales. En éstas lo prescrito y lo proscrito seguía canales de control social específico ya que la fuerza del clan familiar y de los resortes educativos iniciales era fuerte.

En las sociedades complejas, los mediadores cambian (los sistemas de comunicación social y la diversidad de interlocutores sociales es grande ya desde las primeras etapas de socialización), y es necesario siempre generar un consenso para lograr cambios. En todo esto debe intervenir la acción de comunicación social en la planificación preventiva y sobre los comunicadores, que hoy son los presentadores creíbles de la realidad.

4. El mediador debe comprender que la asistencia primaria es un elemento clave de todo programa preventivo. Esta asistencia primaria debe basarse en las *intervenciones comunitarias* a través de las distintas redes interconectadas: escolares, de salud, organizaciones sociales y medios de comunicación.

La intervención comunitaria busca generar intensamente un punto de contacto entre la comunidad y los servicios. Este es un elemento preventivo de la marginación como mostramos anteriormente.

Nuestro programa atiende más de 15.000 consultas mensuales y actualmente atiende en distintos sistemas de su variada oferta de servicios 10.000 familias mensualmente.

¿Dónde estaban antes? El uso de drogas supera habitualmente los 3 años y llega a 5 ó 6 años como promedio. Esta invasión de los pacientes a nuestros servicios es ya una evaluación del programa. Acercar la oferta a través de intervenciones comunitarias planificadas permitió que salieran de la oscuridad miles y miles de jóvenes y sus familias.

El líder debe comprender que es un vinculante social, un contacto entre la comunidad y los servicios.

Resumen

El mediador debe trabajar con la comunidad como objeto, a través de organizaciones y personas claves, registrar un mapa epidemiológico de la región atendiendo a zonas de riesgo y su incidencia sobre los distintos procesos de socialización, atender los distintos avatares del estilo de vida y las conductas de riesgo en las sociedades complejas y por último, basar su accionar en la intervención comunitaria generando un contacto entre la comunidad y los servicios.

CAPÍTULO VIII

LAS BASES DE LA PREVENCIÓN COMUNITARIA

La herramienta conceptual del grupo motor es que hoy la prevención comienza desde la propia comunidad y de la interacción de las distintas redes sociales.

La prevención comunitaria implica "la creación de un medio que promueva la salud y el bienestar de las personas en la comunidad" (Michael Hoffman).*

El grupo motor parte de estas ideas que llevan a la movilización de los distintos sectores y actores. Desde aquí surge un cambio por realizar en el propio líder; pasar del "hacer para" al "hacer con". Nosotros sólo transferimos el conocimiento, lo ayudamos a desarrollar los grupos de acción y los proyectos y a la vez generamos una política de evaluación de los mismos, identificando así los recursos de la comunidad y no sólo sus aspectos negativos o deficitarios.

---

*Hoffman, Michael, La movilización de la comunidad humana y las capacidades de la tecnología humana.

El "hacer con" es toda una estrategia de trabajo comunitario. El "hacer para" es un trabajo individualista que no genera ningún cambio en actitudes.

El mismo Michael Hoffman lo expresa en una frase que es altamente significativa y simbólica: "... ser un guía en el camino y no un sabio en el escenario".

El grupo motor debe ser la señal activa de una comunidad específica; o sea el programa surge desde lo local y es la propia comunidad a través de actores y organizaciones claves la que debe ir progresivamente apropiándose o apoderándose de la temática conflictiva. De no existir este apoderamiento la prevención es sólo una palabra vacía; ya que el "empowerment" en el decir de la psicología comunitaria es el elemento que va a permitir la resolución de los problemas.

Todo esto lleva en el decir de Hoffman a un *cambio social planificado* que pasa por varias etapas de maduración:

- Rechazo: el problema en un principio es vivido como algo exógeno, extraño a esa comunidad que los ha invadido. Las anécdotas pueden ser varias: bandas, inmigrantes, negación de los conflictos de drogas, búsqueda de una solución armada a través de patrullas vecinales, etc.

- Reconocimiento de un problema en la comunidad: la muerte de un joven, las incautaciones en el territorio, escándalos ligados al uso de drogas llevan a una maduración que incita a pedir ayuda.

- Comienzo del proceso de aprendizaje: la asesoría de expertos lleva a una información profunda que permite el inicio de políticas de sector en cada comunidad. Comienza un proceso de capacitación de actores claves.

- Diseño de un plan estratégico para lograr cambios de actitudes en la comunidad en tres áreas: educación preventiva, asistencia precoz del consumidor de drogas especialmente juvenil, y el diseño de controles normativos específicos en distintos temas que hacen al cumplimiento o a la creación de legislaciones; por ejemplo oferta de alcohol a menores, relación entre consumo de alcohol y conducción de automóviles, venta de pegamentos, etc.

- Surgen instituciones que permiten una política de largo plazo con un entrenamiento continuo a equipos de la comunidad.

Todo este proceso tiene entonces, determinados nudos conceptuales:

- paradigma de la complejidad;
- política de intervenciones preventivas desde un diagnóstico de la complejidad;
- formación de grupos motores desde cada territorio social específico;
- trabajo con las redes interconectadas sociales;
- pasar del "hacer para" al "hacer con";
- generación de un proceso de cambio social planificado;
- culminación de un proceso de organización de proyectos comunitarios.

1. Modelos globales:

Dos modelos de intervención

Los modelos globales tienden a generar una actitud negativa hacia el uso de drogas a través de distintos instrumentos: informativos, educativos y alternativos.

Informativos: aluden a las consecuencias psicológicas, sociales y físicas del consumo a través de campañas en medios de comunicación, instituciones educativas y otras instituciones.

Educativos: se toma toda la red educacional de cada comunidad tratando de incidir sobre los distintos elementos de la trama social de la escuela: padres, alumnos y profesores.

Programas alternativos: son programas de apoyo a través del deporte y actividades de tiempo libre y ocio.

Roberto Lerner* enseña en sus trabajos que la prevención del consumo de drogas, en una perspectiva global, busca generar

*Lerner, Roberto, La prevención del abuso de drogas en América latina.

una serie de acciones que tienen como propósito final la creación de actitudes negativas hacia el consumo de drogas, buscando representaciones sociales que fomentan la no aceptación social de las mismas.

La experiencia internacional nos muestra que se pueden lograr reducciones considerables del uso de drogas sin un cambio de los niveles de oferta, cuando los sectores más representativos de una comunidad ejercen una presión social educativa hostil al uso de sustancias adictivas, y a su vez con propuestas alternativas positivas de vida juvenil.

Lerner considera que la acción sobre los sectores medios de la comunidad (la clase media y en situaciones de escolarización) es la responsable de una moral media social que permite una baja en las tasas de incidencias y prevalencia.

Los estudios de Bachman (1988) sobre la baja de consumo de marihuana desde 1978 a 1988 en estudiantes americanos son bastante significativos. En 1978 el 37,1 % de los estudiantes consumía marihuana en los últimos 30 días, para llegar en 1988 al 18 %. Todo esto en relación a la marihuana.

Las investigaciones aluden a intervenciones exitosas a través de tres grandes áreas: medios de comunicación, programas educativos y programas juveniles que fomentaban la prevención "par a par".

Estos estudios se relacionaron con el aumento en la percepción de los efectos dañinos del uso de cocaína y su desaprobación social. En 1985, el 34 % tenía una noción de la percepción del riesgo, mientras que en 1988 pasó al 88 %.

Johnston* en 1989 estudió tres variables en relación con el consumo de marihuana en los últimos treinta días, desde el año 1975 a 1989: el consumo, el riesgo y la disponibilidad.

Se entiende por consumo al porcentaje de ingesta en los últimos treinta días, el riesgo está vinculado al índice de peligrosidad que se percibió cuando se consume regularmente mientras que la disponibilidad alude a la facilidad para conseguirla.

Johnston muestra que manteniéndose estable la disponibilidad que se oferta a los jóvenes, el consumo está íntimamente rela-

---

*Johnston, 1989. Estudio de investigación: "Monitorizando el futuro".

cionado con la percepción del riesgo. Cuando éste es alto, baja el consumo, a la inversa cuando es bajo, aumenta el consumo.

La baja del consumo coincide con momentos comunitarios en donde existe un trabajo educativo social que genera la no aceptación social de las drogas. Por lo contrario el aumento se relaciona con la minimización de los riesgos del consumo, campañas por la liberalización del uso de drogas y con la existencia de líderes sociales consumidores que presionan positivamente hacia la iniciación.

2. Modelos de intervención en situaciones de riesgo social alto

El concepto de riesgo y de factor de riesgo surge en primer lugar asociado a las enfermedades cardio-vasculares (Stamler, 1958) y se comienza a aplicar desde 1978 ligado a elementos vinculados al sedentarismo, hábitos dietéticos y elementos genéticos que pueden predisponer a la eclosión de ataques agudos en el sistema circulatorio.

Desde 1988 a través de los estudios de Simmons se lo asocia al uso precoz de drogas como conductas de riesgo hacia las enfermedades crónicas.

Riesgo y uso precoz se los asocia inmediatamente con la vulnerabilidad. La vulnerabilidad alude a una doble situación; por un lado situaciones familiares, sociales y comunitarias que generan un déficit en la personalización y por ende los hace proclives a conductas de alto riesgo como lo son el uso de sustancias tanto legales como ilegales (familias desorganizadas, repetición escolar, deserción, etc.). Pero a la vez, la vulnerabilidad nos acerca a los efectos que el uso de sustancias genera tanto en el campo físico, psíquico, orgánico así como en el desarrollo social y en la alteración de la maduración adolescente.

Niveles de riesgo por abuso de drogas

Se definen cuatro niveles de riesgo: individual, familiar, grupo de compañeros y comunitarios.

a) *Individual:*

- uso temprano de drogas y alcohol;
- red social y familiar inadecuadas;
- uso de drogas en personas que han jugado un papel de modelos infantiles;
- trastornos de conductas infantiles no resueltos (síndrome hiperkinético);
- trastornos de conductas juveniles especialmente de tipo delictivo;
- pobres rendimientos escolares académicos;
- falta de percepción por la juventud de las consecuencias dañinas del abuso de drogas;
- escasa formación moral y de niveles de religiosidad (ver estudios de Javier Elzo*).

b) *Familiar*

- uso de drogas por padres y hermanos, especialmente hermanos mayores;
- influencias familiares negativas;
- violencia familiar;
- desorganizaciones y anomia familiar.

c) *Grupos de pares*

- uso de drogas por los compañeros;
- presión negativa de los grupos de pares.

d) *Factores comunitarios*

- disponibilidad alta de drogas y alcohol;
- ausencia de normativas específicas sobre drogas y alcohol;
- vacíos legislativos;

---

* Javier Elzo en *La Cultura del Malestar* de J. A. Yaría, Ediciones Universidad del Salvador.

- anomia comunitaria: existencia de normas pero no hay cumplimiento por corrupción o ausencia de las estructuras de control;
- precio muy bajo del alcohol;
- anomia social;
- falta de movilidad económica de los jóvenes en la escalera social;
- estrés social;
- pobreza marginalizada.

Estos factores de riesgo se asocian a una vulnerabilidad biopsicosocial que agrupa a cuatro factores: genéticos, in útero, elementos caracteriales y de personalidad en determinadas secuencias evolutivas (infancia y juventud) y por último, en la interacción con los padres y con la escuela.

Estos cuatro factores actúan sobre tres ambientes educativos:

- ambiente familiar,
- ambiente escolar y comunitario,
- ambiente social y de grupo.

En estos ambientes interactúan tres sistemas que pueden producir salud o enfermedad: la dinámica de los valores, los elementos estresantes típicos del momento evolutivo, y las estrategias educativas que ha aprendido para enfrentar situaciones críticas.

CAPÍTULO IX

EL PARADIGMA DE LA COMPLEJIDAD Y LAS POLÍTICAS PARA ENFRENTAR LAS ADICCIONES

Las adicciones tienen hoy múltiples abordajes desde distintos encuadres técnicos. La tarea clínica desde un lugar o la planificación de políticas preventivas y asistenciales nos obligan a sintetizar estos distintos enfoques.

Los diversos encuadres teóricos responden por un lado a una historia del problema y por otra parte a adelantos en la conceptualización de la problemática.

El modelo actual es integrativo y responde a una concepción ecológica; entendiendo a ésta como la posibilidad de concebir los distintos elementos en juego.

Así hoy se habla de un triángulo de posibilidades que intervienen en el hecho delictivo.

Huésped

a) *Huésped* (nótase el nombre que se utiliza que responde a un modelo biológico-ecológico)o persona (acá ya intervienen elementos que tienen que ver con aspectos integrativos de la serie psicológica, ética o incluso espiritual): con esto actualmente se puntualiza fundamentalmente las situaciones de riesgo psicocial predominantes como generadoras de futuros consumidores: repetición escolar y fracaso en la misma área, hijos de familias desorganizadas o adictas, situaciones de carencialidad afectiva, ética, educativa y/o social; así como también vivir en zonas de ecología urbana conflictiva (barrios en donde hay abundancia de ofertas tóxicas, problemas de infraestructura de servicios, etc.)

Agente

b) *Agente*: se menciona aquí la oferta de drogas y su disponibilidad en un contexto determinado. El valor químico de las drogas y su potencialidad adictiva interactúan aquí con los neurotransmisores químicos modificando las "avenidas químicas" cerebrales.

Desde este punto de vista, la adicción es como una perturbación cerebral de la neurotransmisión inducida y propagada por los factores de disponibilidad de drogas y la aceptación social de la mismas.

Esta definición no sólo enfatiza los cambios en el ordenador cerebral por efectos de modificaciones neuroquímicos cerebrales, sino también por los cambios culturales que llevan a la aceptación social del consumo. Por lo tanto, se muestra la incidencia de la modificación de los valores sociales como un hecho clave.

La función del agente nos lleva al tema de la disponibilidad de las drogas. En nuestra actual circunstancia social y económica, el borde fronterizo argentino rodeado de países productores de cocaína y marihuana es un hecho preocupante.

Las fuentes de producción actúan además sobre la creación de centros de comercialización que potencian los centros de distribución que llegan a la intimidad de nuestros barrios. Producción, comercialización y distribución son tres hechos articulados que generan la oferta de drogas. Esto forma un mercado; hoy este mercado al estar sobresaturado (países que no controlan la demanda o superproducción) genera un fenómeno de sobreoferta.

Pero esta disponibilidad, sobreacentuada hoy en la Argentina, cuenta con un aliado, ya que se sobreoferta un conjunto de sustancias químicas que generan dependencia por sus propias cualidades intrínsecas y por el efecto de mutación en las avenidas químicas cerebrales basadas en el sistema neuronal y sus mediadores químicos llamados neurotransmisores. En el drogadicto crónico esto ya adquiere una fuerza mayor: el cerebro y todos sus receptores se han vuelto adictos.

De todas maneras, la disponibilidad necesita de una aceptación social de las drogas. Éste es uno de los temas claves, ya que es la base de las políticas preventivas de reducción de la demanda. Ésta necesita un frente comunitario como el que genera el Programa "10.000 Líderes para el Cambio" para lograr un bloqueo a la disponibilidad alta desde la acción de líderes y organizaciones líderes en todas las redes de influencia social sobre las familias (verdadera base de la salud y de la opinión pública) atendiendo especialmente los sectores de mayor riesgo social y las edades más críticas en la evolución humana.

Medio

c) *Medio:* con esto se menciona un conjunto de factores que inciden, de tipo económico, cultural, social; pero fundamentalmente el medio familiar que rodea la evolución humana.

Analizar el medio solamente como conjunto de variables de alta complejidad y que interactúan sistémicamente no nos debe hacer olvidar al medio familiar; verdadera matriz educativa y base del sistema identificatorio humano.

Por lo tanto, el análisis del medio nos lleva al estudio de la complejidad, especialmente en sociedades de la información pero a la vez en muchos casos aisladas o marginadas de procesos básicos de socialización: infraestructura de viviendas, educación primaria, etc.

La post-modernidad variante unida a la sociedad de la información incorpora el problema del individualismo como marco predominante y una crisis de la ética de la solidaridad. Precisamente la crisis de la ética de la solidaridad y el individualismo generan en el propio corazón de la cultura la base del crecimiento de la marginalidad en vastas poblaciones; ya que ambas fundamentan la crisis de la sociedad civil en la participación en la ayuda al otro a través de organizaciones solidarias y la falta de protagonismo social para incluir a los que se van aislando por distintos procesos de entropía y desintegración social.

El análisis del medio, en la post-modernidad, no puede distinguirse de las nuevas realidades que imponen la gran ciudad y la ecología urbana con las distintas bandas y grupos sociales ligados a la violencia y al control de los territorios, con detrimento de las funciones tradicionales de las fuerzas de seguridad y legales.

Las bandas urbanas al servicio de grupos de poder responden a una primera realidad, que es eje en el aprendizaje de la ley: la crisis de la organización familiar; base y eje de la transmisión de las normatividades.

La nueva realidad urbana toca diversamente las distintas áreas territoriales de acuerdo con su inserción territorial: áreas más urbanas; cono-urbanas, rurales, etc.

Pero de todas maneras, la incidencia que en la post-modernidad tienen los medios masivos generan un efecto indudable de una manera global. Los medios que asocian impacto con información generan además en ciertos grupos un efecto de cautiverio y de hipnotización especialmente en sectores en donde la falta de vínculos familiares y de educación incial y primaria no formaron un sistema de autocrítica o de predominio de otros valores sociales.

La ausencia de vínculos significativos infantiles y familiares con la mediación de los medios masivos, y la acción intensa de la publicidad, más todos los efectos de dirección de la conducta que ésta tiene, fomentan comportamientos basados en idolatrías autodestructivas (identificación a grupos violentos, nihilistas) que llevan a una acción sobre sí mismos de estas idealizaciones (mutilaciones, búsquedas de drogas, etc.)

La base de estos factores es *la quiebra generacional* en la post-modernidad.

La cultura puede ser vista de distintas maneras; pero una de ellas y predominante es el diálogo entre generaciones. Precisamente Hegel nos enseñaba que la entrada en la cultura surgía de un pacto generacional. Las bases mismas del pacto están rotas en la post-modernidad ya que hoy parecería existir una crisis del vínculo y de la sostenibilidad de los mismos en la base misma del acontecer humano. La novedad permanente (eje de la velocidad cultural de la sociedad de imágenes) suplanta a la permanencia y estabilidad que necesita un joven o niño para desarrollarse. La propia velocidad se traslada a los vínculos que son fugaces e inmaduros.

Historia y actualidad del problema de las drogas-enfoque

Vamos a analizar distintas conceptualizaciones que intervienen en los discursos sobre las drogas. Hay una evolución continua de los conceptos en donde más que excluirse unos con otros se van complementando.

Recién vimos y estudiamos la relación entre huésped-agente-medio. Un profesional de la drogadependencia no puede realizar una rehabilitación sólo desde la variable del huésped (serie histórica personal), ya que el uso crónico de drogas lo lleva al estudio del poder químico de la sustancia, así como la disponibilidad de las mismas en el medio en donde él vive. Si este profesional genera una estructura terapéutica basada en la prevención de las recaídas, los elementos pertenecientes al agente o al medio no se pueden obviar.

De la misma manera todos los enfoques que vamos a analizar se integran en la tarea cotidiana.

Podemos definir los siguientes momentos históricos:

a) concepción moral previa al concepto de enfermedad psicológica o social;

b) la noción médica y/o psicológica de enfermedad;

c) la noción de enfermedades sociales;

d) enfoques neuroquímicos y psicológicos sociales.

A) la concepción moral en un primer momento pensó la adicción —especialmente el alcohol— en el siglo XIX y a comienzos del siglo XX, como el resultado de una elección deliberada ligada a la concepción del mal, en donde esto se emparentaba directamente con el pecado.

Este déficit espiritual de un sujeto libre lo llevaba a infringir normas sociales y, por ende, esto ligaba su conducta a un comportamiento criminal. El castigo debía ser la consecuencia natural de todo esto.

La participación de líderes religiosos y/o agentes de ley se hacía necesaria en este enfoque que afectaba a distintas intervenciones en los campos prácticos: dirección espiritual, persuasión moral o de lo contrario, sanciones sociales.

Esta cosmovisión sanciona el abuso o la desmedida ya que ésta figura dentro de la figura de la perversión. Per verter (verter en exceso un líquido de un recipiente a otro); este significado etimológico está unido a una concepción que ataca el orden simbólico que es siempre medida. Lo simbólico es lo que une, lo diabólico (diábolo) es lo que desune.

Desde esta perspectiva eminentemente ética se articula el concepto de adicción.

Esta concepción nunca se ha abandonado, ya que se refleja la necesidad de un orden que todo adicto necesita desde distintos enfoques (Alcohólicos Anónimos o Narcóticos Anónimos) que apelan al Gran Otro (figura simbólica del tercero que está más allá de mi ego) para reconocer un límite en sus vidas; las comunidades terapéuticas o las comunidades de vida con orientación religiosa de distintas confesiones que apelan a un sistema normativo muy estricto con un ejercicio continuo de la voluntad y una educación del deseo, etc.

Posteriormente, la concepción moral pasa a ser un movimiento social y político que deja de analizar el problema desde una perspectiva del sujeto en relación con la ley social y/o religiosa, para enfatizar los aspectos que derivan del poder químico del agente.

Rápidamente se transforma en un movimiento social prohibicionista del alcohol que tuvo influencia política hasta 1933.

La base de esta idea era que el alcohol era visto como una droga peligrosa.

La moderación, en un primer momento, en el uso del alcohol no era considerada como posible. La abstinencia era la única posibilidad. Mucho se ha hablado de esta época histórica en EE. UU. Hay una historia social y médica que tiene dos versiones. Por un lado, la versión cinematográfica de Hollywood en donde personajes como Elliot Ness o Al Capone forman los escenarios habituales, y por otro, el descenso de internaciones de alcohólicos , cirrosis, accidentes, etc.

B) La noción médica y/o psicológica de enfermedad

Desde 1933 surge una nueva realidad ligada al problema social del alcohol.

La crisis del movimiento prohibicionista se acompaña con el surgimiento, en 1935, del grupo Alcohólicos Anónimos en Ohio.

Se considera ya al alcohólico como un enfermo que es incapaz de lidiar con el alcohol y de beber con moderación.

El enfermo alcohólico es visualizado como un crónico y con una enfermedad de curso irreversible. No existe posibilidad alguna de curación.

El enfoque, además, pasa de la sustancia química al problema individual, todavía ligado a un enfoque constitucional ya que existiría una anormalidad irreversible en caso de uno de los alcohólicos.

Al mismo tiempo empieza a surgir el soporte grupal de los grupos de autoayuda (Alcohólicos Anónimos) en donde la confrontación entre pares es la base de la terapéutica.

El "holding" grupal y la normatividad de la estructura de contención institucional de A.A. serán las bases futuras de la creación de la Comunidad Terapéutica estructurada a través de ex-A.A. como Chuk Dederick (1958) en la comunidad Synanon, que luego tiene un notable desarrollo con DAYTOP (Nueva York) a través de la tarea pionera de monseñor W. O'Brien y del Dr. David Deitch y del Proyecto Hombre a través del padre Mario Pichi en Italia.

C) La noción de enfermedades sociales

Este concepto se despliega desde varias instancias:

El problema de las adicciones es analizado desde el punto de vista de la información. Una

C.1. La perspectiva educacional

información ajustada acerca de los riesgos de las dependencias generará una conducta de moderación y frenará el uso del alcohol y/o drogas. El aspecto negativo de este enfoque es la limitación del mismo en su propia conceptualización, ya que liga el proceso adictivo a un problema de información y a la vez considera el proceso educativo como un mero proceso informativo minimizando los aspectos formativos.

Desde el punto de vista de la teoría preventiva es éste el primer intento de generar una teorización desde la propia vida escolar basada en aspectos informativos. Hoy este enfoque ha sido superado por los llamados *modelos comprehensivos, los modelos sectoriales y los modelos de intervención temprana.*

El modelo comprehensivo se basa en la planificación de todos los sectores sociales buscando la formación de recursos humanos (líderes) generando proyectos preventivos. El Programa "10.000 Líderes para el Cambio" de la provincia de Buenos Aires tiene un punto de contacto con esta orientación aunque también tiene una orientación en relación con los otros dos.

El modelo sectorial parte de un grupo social (por ejemplo las familias) y desde ahí comienza a trabajar.

El modelo de intervención temprana que también lo denomino de alto riesgo social trabaja sobre niños en situación de riesgo social, fomentando tareas de apoyo y consolidación en repitencia escolar, fracaso, familias muy desorganizadas, familias multi-problemáticas, actividades recreativas y en la calle, fortalecimiento de autoestima en personas con carencias afectivas.

Este modelo que es el más actual lleva a la formación de coaliciones barriales, grupos preventivos en barrios críticos y una acción de prevención de la marginalidad a través de un trabajo de integración social permanentemente de tipo educativo utilizando a sectores sociales (modelo de sector) y a toda la comunidad local (modelo comprehensivo).

Ha habido por lo tanto, una evolución desde un enfoque informativo a una educación social.

La adicción como enfermedad psicosocial se completa con estos cinco enfoques que tienen entre sí una secuencia conceptual.

C.2. La perspectiva del condicionamiento, del aprendizaje social y del proceso socio-cultural

El condicionamiento tiene por un lado un aspecto médico ligado a las terapias aversivas del alcoholismo. La terapia aversiva parte del principo de que el alcohol es una conducta aprendida, siguiendo el modelo del hábito, de ahí que es necesaria una extinción del estímulo inicial (la necesidad de tomar la consecución de la sustancia química) a través de un recuerdo doloroso ligado a la ingesta.

Pero la teoría del condicionamiento va insistiendo progresivamente en los aspectos ambientales relacionados con la ingesta de alcohol. Surge entonces el esfuerzo comunitario y el reaprendizaje de alternativas apropiadas de conducta.

En el campo asistencial surgen los enfoques ligados a la prevención de las recaídas en la rehabilitación, así como el estudio de las contingencias sociales que rodean la vida del adicto (amistades, grupos de pares, estímulos que desencadenarían conductas autodestructivas y adictivas, olores, escenarios adictivos).

El segundo enfoque que lleva a la noción de enfermedad social parte de las escuelas del aprendizaje social. Se estudia desde esta perspectiva el modelado de conductas desde varias orientaciones.

a) incidencia de las alternativas de la socialización en la evolución del niño (imitación de conductas adictivas parentales por ejemplo);

b) incidencia de la familia en lo relativo a una interacción familiar negativa: estilos parentales, modelos de roles inadecuados, déficits de socialización debido a las patalogías o crisis de los padres o sustitutos;

c) importancia de los procesos simbólicos, discursos sociales, técnicas publicitarias en le desencadenamiento de conductas adictivas. La imitación de conductas sociales adquiere, entonces, enorme importancia en la sociedad de imágenes;

d) se cita la enorme importancia del *modelo de roles*: el modelaje tanto positivo de conductas como negativo adquiere significación; en un caso es utilizado en las comunidades terapéuticas de adictos en rehabilitación como una vía de aprendizaje que combata el modelaje negativo al que se sometió el adicto durante toda su historia. El modelaje positivo tiene vigencia también en las campañas publicitarias que tienden a concientizar en las consecuencias del uso de drogas utilizando personajes sociales;

e) hay una gran incidencia de la psicología cognitiva en relación a las teorías del aprendizaje social en función de los *roles cognitivos* que cada uno de nosotros desarrolla en su vida cotidiana. Surgen tareas y acciones en el campo psicoeducacional ligadas al manejo del estrés, de la manipulación de situaciones, etc.; conductas todas estas vinculadas al probable uso de drogas y/o alcohol;

f) existen estudios acerca de la incidencia de la acción de los *grupos de pares y de otros grupos de referencia significativos* sobre el joven. Esta circunstancia es importante en la vida evolutiva y en todas las instancias de la socialización, especialmente en la adolescencia, y es también necesario recalcar este enfoque en los aspectos preventivos en la creación de grupos de pares (movimientos juveniles), que fomentan la acción educativa y preventiva llamada par a par.

También de la acción de grupos de pares surge el fortalecimiento de las técnicas *de prevención de las recaídas,* el estudio de las condiciones que fomentan positivamente las expectativas del uso de drogas, modelos sociales que promueven modelos negativos, condiciones de interacción que promueven el uso de drogas en el trabajo, con los pares, en la comunidad.

El enfoque del aprendizaje social es muy rico y de él derivan:

- el tratamiento familiar;
- la sistematización de la prevención de las recaídas;
- el tratamiento de trastornos cognitivos a través de instrumentos psicoeducacionales.

Se buscan intervenciones que generan:

- objetivos determinados;
- la creación de modelos alternativos;
- la reestructuración cognitiva;
- el entrenamiento de habilidades y destrezas como por ejemplo el manejo del estrés.

El *tercer enfoque* que lleva a la conceptualización del concepto de enfermedad social es el llamado de la *perspectiva socio-cultural.*

Este enfoque analiza el problema desde los siguientes vectores:

- creencias y conductas sociales;
- la naturaleza de los medios adictivos;
- estudios etnográficos (etnias y subculturas predominantes).

Las intervenciones apuntan a modificar normas culturales que ayudan al consumo de alcohol y/o drogas como por ejemplo:

- la disponibilidad de alcohol y drogas, generando un estudio de la consumición per capita del alcohol;
- análisis del *marketing* de las drogas y el alcohol;
- estudios sobre la tensión y la violencia social;
- normas sobre el alcohol en relación a locales de venta protección de menores, horarios de venta, castigo a los infractores, controles de alcoholemia;
- control de la actividad publicitaria de las sustancias químicas (psicofármacos, alcohol, etc.);
- estudio de la importancia económica de la industria del alcohol y sus consecuencias operativas en las costumbres sociales.

Hoy en las políticas de prevención y asistencia se considera que no hay acción posible sin una baja de la disponibilidad de sustancias químicas a través de controles sociales. El control de la consumición del alcohol, la acción sobre las bebidas de alta graduación, el control de los psicofármacos, etc. Todo esto implica una intervención con los proveedores, políticas sociales, controles publicitarios, controles minoristas, actividad con legisladores para generar nuevas leyes, etc.

El cuarto enfoque deriva de la perspectiva sistémica; si bien la intervención sistémica tiene una gran fuerza en la acción sobre las familias, no hay dudas de que los basamentos de esta teoría social lleva a la aplicación sobre el estudio de los sistemas sociales preventivos. Los subsistemas familiares y los subsistemas sociales reciben un aporte de estos enfoques.

En la parte familiar, la teoría de los sistemas nos lleva al estudio de la familia disfuncional y sus aplicaciones en el tratamiento familiar, los límites generacionales, las fronteras, etc.

En el campo social el estudio de las organizaciones, la vinculación entre las mismas y la conjunción entre los actores sociales y la creación de redes es un elemento que surge de estas aproximaciones. El Programa "10.000 Líderes para el Cambio" surge de estas orientaciones.

El *quinto enfoque* surge de la acción social en barrios críticos y se lo podría llamar el *enfoque comunitario* que lleva a la formación de *coaliciones y de estrategias en barrios críticos.*

• Confección de un programa global (llamado en Europa y EE. UU. comprehensivos) y con una visión estratégica analizando puntos críticos de cada territorio .

• La estrategia nace de un enfoque centrado en personas claves, organizaciones claves, líderes involucrados en los problemas de drogas en cada localidad, que trabajan con el poder político de cada localidad; todo a los fines de generar un fondo de recursos humanos en cada comunidad.

• Determinación de prioridades en cada localidad, un ejemplo de esto es la Coalición de drogas de Miami que desarrolla una acción sobre todo el territorio con la formación de siete grupos de actividades que son, a su vez, siete prioridades en ese territorio.

• Unión de todos los sectores que realizan intervenciones en cada territorio en el tema de drogas, familia y/o minoridad y del campo deportivo recreativo.

• Políticas e intervenciones intersectoriales para la reducción de la violencia social, escolar y/o familiar en zonas de riesgo con programas educativos de apoyo a poblaciones poco escolarizadas, en riesgo familiar, etc. Acá resulta importante la unión con sectores sociales dañados por la violencia como por ejemplo grupos de padres, accidentados, etc.

Todo esto debe estar unido a una política de concientización comunitaria.

Estos cinco enfoques unidos en la acción de los operadores, tanto en el campo de la rehabilitación como en el de la prevención, facilitan las intervenciones modernas apropiadas.

D) Enfoques neuro-químicos y psicológicos-sociales

Este enfoque comienza con la historia de las drogas con explicaciones biológicas a través de Jellinek (1960), que revisa la concepción del alcoholismo desde el punto del vista de la psicopatología y la etiología psíquica desde la bioquímica cerebral y las patologías neurales. Además, se mencionan otros hechos que concurren en el alcoholismo como la incidencia de un fenómeno alérgico, elementos nutritivos e incluso de tipo endocrinológico.

La alergia es explicada por un desarrollo de las sustancias colinérgicas que generaban un desorden mental (tensión y resentimiento) reponsables a su vez de un mayor consumo de alcohol.

Las teorías nutricionales varían en distintos estudios: deficiencias de tiamina, patrones individuales metabólicos que llevan a las deficiencias vitamínicas. A su vez habría interacciones entre el alcohol y el sistema endócrino que tienen efecto sobre el sistema cardio-vascular, inmunológico y el sistema nervioso central.

Estos enfoques biológicos se unen a la conceptualización de estudios genéticos que sugieren que una persona con una historia positiva de alcoholismo tiene cuatro veces más posibilidades de desarrollar alcoholismo que una persona sin historia familiar de alcoholismo.

Este enfoque biológico en el campo del alcoholismo tiene desde los estudios de la década del cerebro un énfasis ya que se alerta sobre el papel de los neurotransmisores en la emergencia de los síntomas de adicción y el mantenimiento de esta patología.

Algunos de los conceptos centrales serán:

1. Las drogas parasitan y descontrolan mecanismos del cerebro que orientan y controlan el comportamiento del hombre.

2. La crisis de la idea de que existe una dependencia psicológica para ciertas drogas y una dependencia física para otras. Todas las drogas generan un tipo de dependencia en la medida que generan alteraciones bioquímicas del cerebro; las drogas modifican la producción, la liberación y la degradación de los numerosos neurotransmisores y neuropéptidos cerebrales.

3. El efecto de una determinada droga depende de tres elementos:

a) la acción directa sobre los neurotransmisores que liberan noradrenalina, dopamina, serotonina, acetilcolina, GABA, etc., con efecto indudable sobre la conducta;

b) la naturaleza de estas interacciones con receptores específicos;

c) el lugar de estas interacciones químicas con estructuras encefálicas específicas.

4. La drogadependencia es definida como un estado de perturbación de la neurotransmisión cerebral, reversible y pasajero, agudo que lentamente se transforma en un desorden crónico e irreversible de la neurotransmisión.

5. Existen diversas zonas cerebrales alteradas por el uso de drogas:

- *sistema reticular activador* (modulador de la información sensorial aferente y los impulsos motores eferentes, armonizando a su vez el grado de vigilancia y de excitación de la corteza cerebral);

- *hipotálamo* (integrador de la información que procede de numerosas fuentes, siendo además el centro de control del sistema nervioso autónomo y la relación entre el sistema nervioso y el endócrino con gran incidencia en la vida sexual);

- *haz medial del cerebro anterior*: es el principal sistema de recompensa del cerebro o sistema endógeno de refuerzo o gratificación. Hoy se lo considera al centro del placer o sistema de recompensa cerebral.

La estimulación de esta zona produce un verdadero tren de ondas cuyo efecto continuado escapa al control de neo-córtex.

6. Se considera que existen cinco propiedades psicobiológicas que inducen a la dependencia:

a- estimulan *centros del placer y activan mecanismos de recompensa cerebral* que refuerzan el placer (*flash*). Esta sensación de placer se acompaña de una memoria afectiva que se imprime en el cerebro;

b- el consumo de cualquier droga genera una *perturbación reversible del cerebro* generando un fenómeno de neuropsicotoxicidad, que luego se transformará en crónica.

La perturbación reversible genera una alteración de la función cerebral en la atención, el sistema de vigilia, el ritmo del sueño, deterioro de los rendimientos psicomotrices, la memoria, las percepciones y lo que hoy se denomina toxicidad del comportamiento (disminución de la vigilancia, reducción de las motivaciones, marginación social).

c- *tolerancia*: necesidad de aumentar las dosis para conseguir los mismos efectos;

d- síndrome de retirada o abstinencia: en todas las drogas existe este síndrome de retirada que pueden ser leves y de difícil detección clínica hasta los que llevan al riesgo de vida;

e- todas las drogas generan un *refuerzo conductual* en la medida que intervienen en la memoria.

Este enfoque se asocia a la llamada *perspectiva de los problemas caracteriales* que surge de los estudios de la llamada *personalidad adictiva*:

- dificultad en el control de los impulsos;
- conductas antisociales;
- baja autoestima;
- conflictos de roles sexuales;
- dificultades para enfrentarse con el estrés;
- escasa tolerancia a la frustración;
- factores pasivo-dependientes de conducta;
- egocentrismo y manipulación.

El psicoanálisis es heredero de todas reflexiones y además el generador de estos conceptos.

Resumen

La complejidad del fenómeno adictivo y las distintas concepciones que se han desarrollado han llevado a una formulación de políticas públicas integrativas que atienden a tres aspectos:

- educación preventiva;
- asistencia precoz;
- políticas de control.

Todo esto a través de la movilización comunitaria y la construcción de un sistema de redes preventivas y asistenciales.

CAPÍTULO X

OBJETIVOS PRÓXIMOS DEL PROFESIONAL EN TOXICODEPENDENCIA

1. Asistir los problemas derivados del consumo crónico de drogas

El paciente que concurre a los servicios tiene alrededor de 21 años de edad como promedio y a los 16 años como promedio comenzó a utilizar drogas, 5 años de ingesta es un tiempo que delata un hábito crónico con todas las consecuencias que esto implica a nivel social y personal.

La droga de consulta en un 85 % de los casos es la cocaína. La droga de iniciación en un 70 % de los casos fue la marihuana. En el 70 % de la población estudiada, el consumo es diario. Cada paciente consume alrededor de 2 ó 3 drogas unidas a la cocaína (alcohol, marihuana y medicamentos). El paciente mayoritariamente ha terminado la escolaridad primaria (60 %). Hay un porcentaje que no ha culminado este ciclo (10 %) y otro no ha terminado la escolaridad secundaria (10 %).

Este 80 % representa una población crítica ya que estudios internacionales nos muestran que la cronicidad en el consumo aumenta en aquellos que no han completado la escolaridad primaria o secundaria y desciende cuando se ha concluido la escolaridad secundaria o terciaria.

Poblaciones críticas

Esta población crítica además, se halla en situación de desamparo social ya que en su mayoría no tiene habilidades sociales o maduración personal que le permita conseguir trabajos simples, más allá de las dificultades que tiene hoy el ocuparse para la población juvenil.

Esta población juvenil cuenta con escasos recursos familiares y los mismos tienen tendencia a la depositación institucional. Este joven que lleva más de cinco años en el consumo, con bajo nivel de instrucción para manejarse en sociedades complejas y computarizadas, con la cocaína como droga principal y con problemas ocupacionales y familiares ligados a un consumo invalidante como lo es el consumo diario; todo esto nos debe hacer pensar en un escenario próximo asistencial determinado, en donde el sida no va a estar ausente.

a) El consumo crónico de cocaína y ciertas consecuencias.

El 14 % de los consumidores de cocaína tuvieron por lo menos una crisis convulsiva (especialmente los que la utilizan por vía intravenosa,.fumadores de crack y pasta básica).

a.1. Síndrome orgánicos cerebrales y conductas impulsivas

En estudios de tomografía cerebral se observan en estos pacientes infartos cerebrales, hemorragias subaracnoideas y alteraciones en el flujo cerebral sanguíneo. Hay una destrucción evidente del tejido nervioso y esto es mucho más grave cuando simultáneamente se usa alcohol, tabaco y marihuana.

No sólo la cocaína genera una patología orgánica irreversible sino que, además, promueve todo aquello que lesiona la convivencia ética transgrediendo tres leyes básicas de lo humano: no matarás, el tabú del incesto y la verdad como eje de las relaciones humanas. El homicidio, las diversas perversiones sexuales y la instauración de la "transa" y la impostura delictiva son tres hechos cotidianos en la vida del cocainómano.

Cuadros de atrofia cerebral juvenil

Así nos encontramos con atrofia cerebral en personas jóvenes con un daño vascular producido por la acción vasoconstrictora de la cocaína. Todo esto genera, a nivel psíquico, distintas alteraciones:

cuadros psiquiátricos en donde predomina el descontrol impulsivo y agresivo como uno de los pocos modos de vinculación con el otro;

cuadros paranoicos ya estabilizados que hay que separarlos de las reacciones paranoicas ligadas a las intoxicaciones agudas con la cocaína;

trastornos antisociales de la personalidad en donde prevalece la tendencia a la amoralidad, perversiones, robos, criminalidad.

Por último, la cocaína en su abuso crónico genera un cuadro de encefalopatía cocaínica que demanda un tratamiento farmacológico de por vida con una abstinencia absoluta de alcohol y drogas, más allá de todos los tratamientos psicoterapéuticos y de grupos de autoayuda necesarios.

a.2. Sida y trastornos psiquiátricos:

a.2. Sida y trastornos psiquiátricos

El HIV es un virus con tropismo cerebral, ama y busca a la neurona y al sistema nervioso en general. De ahí que al ser un organismo neurovirulento incrementa significativamente la organicidad. De cada 10 pacientes con HIV, tres van a la demencia.

Ya el portador asintomático en un 12 % tiene impacto cerebral HIV con un desorden cognitivo mínimo (trastornos leves de memoria, perceptivos, atención).

De las tres infecciones oportunistas más frecuentes que anuncian la entrada en la enfermedad sida, dos de ellas son cerebrales (toxoplasmosis cerebral y criptococosis meningoencefálica). La restante es la neumonía por neumocystis carinii.

Otro hecho interesante de destacar es que se puede tener un nivel inmunológico óptimo (CD4 normal), y el cerebro dañado por el virus.

Los cuadros neuropsiquiátricos más evidentes son:

1. *Demencia compleja por sida*

Demencia compleja por sida: en general la demencia va progresando en tres estadios: leve, moderado y grave. En los tres estados se generan trastornos en la esfera cognitiva, síntomas motores y alteraciones del comportamiento.

En el primer momento de la enfermedad aparecen trastornos cognitivos leves en el lenguaje, la memoria, la concentración y la selectividad psicomotriz.

El segundo momento llamado moderado conlleva trastornos del humor y del estado de ánimo.

El momento grave va seguido de un deterioro del juicio y del control de los impulsos, síntomas psicóticos culminando con incontinencia esfinteriana, temblor, convulsiones, mutismo e hipertonía.

2. *Síndrome confusional*

Este es el trastorno orgánico más común con disminución del nivel de conciencia (somnolencia, estupor o coma), desorientación témporo-espacial, trastornos del pensamiento (lentitud o torpeza intelectual, incoherencia, delirio), alteraciones sensoperceptivas, deterioro grosero de la memoria, perturbación del ciclo sueño-vigilia.

3. *Síndrome maníaco-depresivo*

Tiene dos estapas o fases: a) en el período que sigue a la seropositividad; b) estadio inicial de la demencia en donde los trastornos afectivos preceden al inicio de las alteraciones cognitivas; implica el ingreso del virus al cerebro.

4. Síndrome delirante

Delirios de corta duración ligados a la meningitis producida por el virus.

5. Síndrome esquizofreniforme

Conducta catatónica con ideas delirantes extrañas y alucinaciones.

6. Síndrome adaptivo

Es el más común de los síndromes, sucede en el 90 % de los infectados en las primeras etapas de certificación del diagnóstico del HIV.

Está basado en los sentimientos de culpa ligados a errores y conductas alteradas pasadas, en el estigma que lamentablemente genera la epidemia por su connotación ligada a la peste y al contagio y en los límites que comienzan a aparecer en el horizonte de su vida en relación al apoyo social y a la certidumbre de la muerte.

El síndrome adaptativo va unido a la desesperanza, pena, culpa, ansiedad, depresión e hipocondría.

Este síndrome aparece unido a otros hechos humanos significativos en la vida personal: duelos, cambios vitales, etc. En el sida adquiere sin embargo características peculiares ya que el síndrome adaptativo va acompañado habitualmente de trastornos por ansiedad desde el descubrimiento inicial de la seropositividad hasta el progreso de los síntomas orgánicos. Se reactivan permanentemente el pánico y los trastornos obsesivo-compulsivos.

Los procesos ansiosos además acompañados de depresión pueden ser la consecuencia de la propia depresión orgánica inducida por el proceso de deterioro del sistema inmunológico. El derrumbe orgánico puede estar ocultándose detrás de signos depresivos: anorexia, fatiga, pérdida de peso, letargia, problemas cognitivos. Pueden aparecer anemia, diarrea, gastritis e incluso ir seguido de ideación suicida.

b) El consumo y la comorbilidad psiquiátrica

Es un hecho evidente hoy la coexistencia de los llamados "dobles diagnósticos". Con esto se alude a conductas y trastornos adictivos unidos a síndromes psiquiátricos.

En muchos casos, el propio abuso de sustancias genera una patología psiquiátrica como otra de las enfermedades asociadas al uso continuo de drogas, como puede ser el sida, la hepatitis B, etc.

El paciente presenta una "doble enfermedad" con características que lo diferencian del tipo de consumidor de drogas descrito por la bibliografía y la clínica con comportamientos transgresores de la línea psicopática y/o sociopática.

Hay estudios europeos que muestran que el abuso de sustancias en pacientes psiquiátricos es del orden del 60 al 85 % y en la población general es del 15 al 35 % (José Guimon - *Diagnóstico Psicopatológico en el campo de las adicciones* - Grupo IGIA - Barcelona).

Los mismos estudios nos muestran un 60 % de adictos estudiados que tienen doble diagnóstico, en los cocainómanos nos encontramos con prevalencia de trastornos de personalidad (especialmente trastorno antisocial, trastorno de conducta).

En pacientes esquizofrénicos la comorbilidad era del orden del 35 %; el 15 % utilizaba conjuntamente alcohol y drogas. Hay dos hechos concluyentes y que se complementan: las drogas pueden desempeñar un papel en el desencadenamiento y evolución de las enfermedades mentales y a su vez hay trastornos psiquiátricos que son predisponentes a las toxicomanías.

Con respecto a lo primero se comprobó que el abuso de alcohol aumentaba la presencia de sintomatología psiquiátrica, el riesgo de presentar sintomatología psicótica era mayor en los alcohólicos que en los abstemios. Lo mismo sucedió en los estudios de José Guimon, entre los consumidores de drogas y los no consumidores.

De la misma manera muchas patologías psiquiátricas hoy, ante la oferta libre de drogas y el clima cultural imperante, acaban en una toxicomanía. Se ha comprobado que el porcentaje de abuso llega a un 67 % en borderline. Un 60 % de los esquizofrénicos acababan abusando de drogas ilícitas.

El pánico (patología que acompaña al estrés post-moderno y a la sobrestimulación permanente de nuestro sistema cognitivo) tiende a ser manejado con abuso de opiáceos y ansiolíticos.

Estructuración narcisista del Yo

Desde los estudios de Kohut (1971) se insiste en otro aspecto de la droga, desde el punto de vista dinámico, ligado a la estructuración narcisista del yo. También Claude Oliwenstein lo hace. La droga es una forma de reemplazar un defecto en la estructuración psíquica, especialmente en los primeros momentos de estructuración del yo (momento especular).

Esto explicará las características prevalentemente narcisista de la personalidad del adicto y en muchos casos su narcisismo patológico al decir de Otto Kernberg.

A su vez, la paranoia como furor persecutorio o la depresión suicida, autodestructiva y/o melancólica parecerían ser dos elementos complementarios de esta patología narcisista.

c) El uso crónico de drogas y la criminalidad

El profesional debe hoy tratar pacientes en donde la transgresión a las leyes, desde rupturas de pautas mínimas de convivencia (alteraciones de Código de tránsito) a trastornos severos (homicidios, perversiones sexuales, robos y delitos contra la propiedad), son evidentes.

El consumo de drogas potencia el deterioro y la decadencia ética e interviene en la promoción de conductas violentas y vandálicas.

En los sistemas penitenciarios la mitad de la población tiene un contacto habitual con las drogas y ésta se ha convertido en un elemento más para la exposición al hecho delictivo y la posibilidad de actuar a "sangre fría" y potenciando aun más el no remordimiento o la sensación de culpa.

El delincuente de hoy busca la droga para efectivizar con mayor precisión el hecho; además la droga (especialmente los estimulantes) se han incorporado al submundo de la marginalidad como un elemento más del mismo. No sólo como tóxico por ingerir, sino que la cadena de hechos delictivos ha aumentado y el distribuidor de drogas, en los barrios ligados a cadenas de comercialización, reemplazó al levantador de juego ilegal. En la población carcelaria de la Unidad Penitenciaria N.° 2 de Villa Devoto sobre 219 internos, el índice de procesos y condenados por causas relacionadas con drogas es el 35 % del total y el 62 % consumía drogas antes del ingreso.

La droga aparece, entonces, unida al mundo de la delincuencia de múltiples maneras. No es de extrañar que la droga prevalente sea la cocaína en los procesados. Además, el consumo interviene en la promoción de conductas antisociales así como el código de la compra-venta de drogas incorpora una nueva modalidad delictiva, mucho más violenta y corrupta.

De todas maneras, no se debe licenciosamente relacionar la delincuencia con el consumo de drogas, como si ésta fuera una relación unicausal de doble entrada.

La delincuencia tiene que ver con un sinnúmero de fenómenos: crisis en metas comunitarias y en ideales sociales con falta de proyectos individuales, pobreza, trastornos severos de conducta, desorganización familiar; todo esto impidió que los controles sociales normales que surgen de las interacciones familiares especialmente escolares y de todos los medios educativos informales, deba ser protagonizada exclusivamente por el aparato penal del Estado.

Podemos decir que el contacto de la droga con el fenómeno delincuencial tiene consecuencias que todavía no han sido contenidas adecuadamente.

El sistema judicial debe estar articulado al proceso preventivo y asistencial como están los demás sistemas de control social.

Resumen

El profesional de hoy debe vérselas con nuevas patologías en donde la muerte (las llamadas enfermedades terminales e invalidantes como el sida), los cuadros psicóticos y delitos aberrantes, lo interpelan en su tarea cotidiana.

Se hace necesaria una gran capacitación, una educación y formación continua así como una supervisión pero fundamentalmente una madurez personal para entender el tema del límite, la muerte y el sentido de la vida en grandes masas poblacionales. El profesional ante los cuadros terminales, la locura y el delito requiere un saber personal y un saber de la propia persona muy peculiar.

2. Prevenir y asistir en relación con la problemática de la iniciación precoz a las drogas y al alcohol

La precocidad es una característica precisa de la post-modernidad. La infancia casi ha desaparecido acorralada por una adolescencia tempranísima. La juventud por otra parte se prolonga y existe una huida masiva de la adultez.

La cultura de las "lolitas", el consumo de drogas y alcohol desde la pubertad y el embarazo precoz acompañan como síntomas sociales e individuales esta aceleración típica de la cultura actual.

La velocidad suplanta a la maduración. Esta velocidad de los tiempos históricos se acompaña de una precocidad ligada a una gran inmadurez de la personalidad.

La aceleración histórica es una manifestación de los cambios tecnológicos en donde la rapidez de la transmisión de información tiene distintos registros; ya sea en el campo electrónico, de imágenes, de mensajes inmediatos de un punto a otro del planeta. La temporalidad se abre con cada vez mayor velocidad al futuro sin apoyarse en ninguna tradición.

El mundo es un fluir permanente de novedades y éstas barren con cualquier permanencia; se quiebran las autoridades permanentes ya sea en lo familiar o en lo escolar.

La velocidad articulada al mundo de las novedades anonada al ser en crecimiento que se siente doblemente alienado: sólo por la ruptura y la brecha generacional que lo aísla de los adultos y vacío por la falta de una transmisión de valores, sentidos, proyectos y horizontes que el mundo de los padres debe ofrecer para lograr y llegar a un crecimiento sano.

Un niño solo y vacío es rápidamente dominado por la cultura de imágenes que lo seduce ya que ha encontrado en él un mercado que en las sociedades industriales no existía.

Drogas y niñez

Esto adquiere mayor fuerza en áreas de riesgo psicosocial en donde existen problemas de vivienda, educación sanitaria y escolar, tendencia a la desorganización familiar, problemas de integración social en barrios aislados de los servicios de salud.

Estudiamos a más de 2500 alumnos de 7.° grado de barrios críticos de la provincia de Buenos Aires (conurbano, Bahía Blanca, Coronel Rosales).

En la población escolar de 7.° grado encontramos que el ofrecimiento de drogas alcanzó al 6 %. La oferta de medicación psicotrópica fue reconocida por el 3 % y la cocaína también en el mismo porcentaje. Las personas que se la ofrecieron fueron en su mayoría extraños, amigos que consumían drogas y vecinos.

El lugar donde con más frecuencia se produjo esta oferta fue en la calle y en las plazas. En el caso de los varones se acentúan en segundo lugar los lugares de video-juego, y en las niñas, en los lugares de baile y casas de amigos.

Con respecto al consumo de bebidas alcohólicas, el 48 % ya tomó alguna bebida alcohólica, de los cuales el 18 % de dicha cifra lo hizo en los últimos 30 días, y de ese 18 %, el 6 % lo hizo varias veces al día.

El 1,1 % de los escolares probó medicamentos psicotrópicos, el 1,3 % probó marihuana y el 0,8 % probó cocaína.

En el total de la población hay un 95 % de chicos en barrios críticos que transcurren su infancia, pubertad y los inicios de la adolescencia sin el obstáculo grave que implica el contacto con el alcohol, las drogas y el tabaco; y alrededor de un 5 % que están precozmente en contacto con estas sustancias que son dañinas para su evolución. (Todos estos datos pertenecen a estudios realizados por la Secretaría de Adicciones de la Provincia de Buenos Aires, 1995.)

Entre ambos grupos hay una diferencia sustancial: el tipo de vinculación familiar.

La población en riesgo tiene severos problemas de contención familiar.

Entre los datos más sugestivos encontramos:

Vínculos familiares y población de riesgo

- no cuentan con su familia cuando se encuentran en problemas;
- cuando hay problemas en la casa, no hay diálogo y se privilegia la violencia;
- las decisiones importantes no se toman entre todos;
- los fines de semana no son compartidos;
- no se sienten queridos por su familia.

En relación con la población que no consume alcohol, tabaco y drogas, existe en estos ítems una diferencia sustancial: tienen un mejor vínculo familiar y se sienten reconocidos, estimados, contenidos y queridos.

Estos datos son, para nosotros, fundamentales. La precocidad en estos hábitos tóxicos tiene que ver con situaciones familiares. El vínculo, o sea el lazo o los nudos (eso quiere decir vincularse) son fundamentales para crecer sanamente. Todos los obstáculos, las angustias y las crisis que plantea el desarrollo tienen como contrapartida la fortaleza del sostén del vínculo familiar.

Entre ambos grupos no parece haber diferencia sustancial en relación a la cantidad de información preventiva. Todos reconocen haber recibido datos y enseñanzas acerca del daño y/o consecuencias del uso de drogas.

Otro dato a tener en cuenta es que el chico con problemas confía máximamente en otro compañero y es nula la incidencia de los maestros, los padres o autoridades religiosas.También confían en la madre.

Estrategias preventivas en barrios críticos

Es necesario frente al consumo precoz articular cuatro tipos de estrategias preventivas:

a) fuerte trabajo sobre las escuelas y el vínculo docente-alumno;

b) fortificación del vínculo familiar a través de las escuelas para padres ya que la familia es el vínculo preventivo por excelencia;

c) aumentar el peso social de la prevención juvenil del Movimiento Jóvenes por la Vida;

d) detener la entrada de droga en los barrios a través de la formación de líderes comunitarios.

La tarea familiar debe incluir nuevas formas de relación familiar que surgieron con la post-modernidad: los matrimonios sin hijos, las parejas que habitan juntas sin casarse unas con hijos y otras sin ellos, los segundos matrimonios de divorciados que agrupan a niños de orígenes distintos, los hogares monoparentales de un solo padre, generalmente la madre, bien sea separada, divorciada, viuda o soltera.

Otro aspecto para tener en cuenta es la crisis de la femineidad que genera alteraciones en el papel maternal y el hambre de padre que late desde una ausencia cada vez más evidente.

Pautas para el futuro profesional de la drogadependencia.

En futuras comunicaciones desarrollaré lo que llamo puntos esenciales para el abordaje de la drogadependencia, y que necesita para ello de un profesional capacitado para los siguientes puntos:

* perfeccionar el diagnóstico individual, familiar y de zonas sociales de riesgo;

* posibilidad de planificar las propuestas terapéuticas basándose en una oferta variada de servicios;

* necesidad del trabajo de profesiones diversas para actuar en toxicodependencia, que se complementen entre sí, pero donde cada una debe mantener su identidad de origen;

* programas de formación continua;

* redes de profesionales nacionales e internacionales con reglas de calidad de trabajo, respecto a estándares y monitoreo permanente;

* introducción de sistemas de clasificación moderna como los estudios de McLellan que permitan medir el índice de severidad para un pronóstico y para una adecuada tarea de derivación a los servicios;

* incorporar al sistema judicial como parte de la cadena preventiva y asistencial.

CAPÍTULO XI

DOBLE DIAGNÓSTICO

Nuevas realidades

1. Surge de una nueva realidad: el uso de drogas como bálsamo social masificado y a la vez como multiplicador del sufrimiento de miles de personas. La masificación de las drogas reconoce diferentes momentos que se sincronizan:

- la droga como símil de la liberación interior conforme al modelo oriental en la época "hippie" (década del '60 en adelante);

- la minimización de los riesgos del uso de drogas desde el llamado pensamiento progresista en la década del '70;

- la entrada de la droga en la dinámica del sistema de producción, comercialización y distribución a través de la búsqueda de un *marketing* específico (jóvenes, especialmente) y de cadenas de implantación de la mercadería a través de líderes sociales captados (deportistas, artistas, hijos de personas de predicamento social, etc.); todo esto le asegura una entrada permanente en los circuitos de la sociedad de imágenes y una venta y consumo creciente a través de cadenas de identificación social que los mismos líderes promueven, apoyados por la sociedad mediática;

- la postmodernidad con sus secuelas de individualismo y de crisis de los modelos sociales juveniles y familiares.

Poblaciones nuevas de adictos

2. Así observamos que surgen poblaciones de adictos diferenciales:

- el típico adicto "a la Argentina" en la década del '80: joven, con familias conservadas, de clase media y una educación secundaria habitualmente completa;

- el adicto crónico al uso de drogas con síntomas psiquiátricos como consecuencia de una patología previa o como defecto resultante del consumo;

- el adicto crónico con graves problemas con la ley y a la vez infectado con el virus del sida. Este último resultado a la vez genera signos psiquiátricos evidentes.

La masificación del consumo genera por ende un nuevo tipo de consumidor: es más joven en su iniciación (16 años de edad promedio), con retrasos escolares (el 80 % no culminó la escuela primaria o secundaria), sin oficio o profesión cualificada, y formando parte de familias multiproblemáticas.

En otro contexto socio-cultural, y sin la droga como una farmacopea "a la mano", este adolescente hubiera evolucionado hacia otros cuadros psicopatológicos.

Muchos pacientes ante los mínimos signos de despersonalización, angustia o ansiedad apelan al alcohol, al cócktel de psicofármacos, marihuana o estimulantes como forma de tratar su patología incipiente.

Surge así un nuevo cuadro psicopatológico y adquiere ese ser despersonalizado una nueva identidad confrontativa: la de adicto.

Las instituciones frente a esta realidad deben redimensionarse porque además de los signos psiquiátricos, aparecen en escena los severos problemas de estos pacientes con la ley y toma cuerpo el juez y el aparato judicial en el tratamiento.

En la provincia de Buenos Aires, el 48 % de los pacientes pertenecen a la categoría del doble diagnóstico. En la estructuración de la red pública de asistencia hemos creado centros especiales para doble diagnóstico como el Pabellón de Drogadependencias del Hospital Open Door que consta de 50 camas y hay 10 comunidades terapéuticas especializadas en esta categoría.

3. La consigna nuestra es entender la peculiaridad específica de estos pacientes:

- la abstinencia genera consecuencias diferentes ya que activa mecanismos psicócticos;

- es necesaria la utilización de psicofármacos incisivos en distintos momentos del tratamiento;

- es fundamental un continente normativo pero "a la carta" teniendo en cuenta sus dificultades infantiles emocionales de integración con ausencias de personajes claves en la vida familiar;

- la conducción educativa, ética e incluso espiritual se hace muy necesaria a través de grupos de distinto tipo;

Procesos críticos de reinserción

- el proceso de reinserción es crítico por las carencias sociales y la falta de cualificación en su profesión;

- dejar la cultura de la calle es una necesidad fundamental en el tratamiento pero es, a la vez, el refugio que le permitió tener una cierta identidad en la cual sentirse útil;

- la comunidad terapéutica resulta ser el elemento clave de personalización de estos pacientes ya que es el "espacio transicional", al decir de Winnicott, por medio del cual el paciente puede crecer.

4. El doble diagnóstico me merece las siguientes reflexiones. Desde el doble diagnóstico debemos pasar a la escena social y cultural que lo sustenta y a las políticas activas para enfrentar estas realidades.

I. Surgen nuevas realidades clínicas que se agregan a las anteriores. Formemos equipos y nuevos espacios institucionales para acogerlos.

Burn-out de los equipos

II. Estas nuevas realidades clínicas más en contacto con lo crónico y lo terminal (no olvidemos el sida) genera un rápido *burn-out* de los equipos. Generemos salud en los equipos y desde las estructuras de conducción, supervisiones y auditorías que no sólo sean administrativas sino de análisis de las emociones negativas que se viabilizan en el trabajo.

III. Formemos una red de centros con múltiples respuestas asistenciales ya que el doble diagnóstico es una de las alternativas posibles pero cada punto de la red tiene una especificidad (explicación de la Red de la provincia de Buenos Aires).

IV. Vivimos una crisis de drogas como la vivieron otros países en su historia, esto implica un aumento de la patología social en un primer momento de explosión como el que vive América Latina desde hace varios años. Los equipos técnicos deben prepararse para esto ya que los escenarios clínicos van a ser cambiantes, turbulentos, especialmente si llegan a entrar al mercado los opiáceos.

La crisis de drogas y las estructuras mafiosas

V. La crisis de drogas opera desde una estructura mafiosa como es el narcotráfico, con selección de líderes sociales para la implantación de la mercadería, y con una gran presencia publicitaria fomentando permanentemente el uso sin riesgos de la droga. Son verdaderas acciones de inteligencia social amparadas en el dinero que mueven. Frente a esto, la movilización preventiva de la sociedad y sus familias resulta fundamental.

VI. La crisis de drogas puede transformarse en una epidemia. Hay sobreoferta que es una de las necesidades para que ésta se dé y una cultura de la droga con personajes sociales que la encaran y casi sin ninguna crisis social.

La formación organizada de LÍDERES (padres, jóvenes, maestros, políticos, jueces, etc.), en cada territorio desde la base municipal y barrial, es la única receta para enfrentar la cultura de la droga y generar en la epidemia una política de detección precoz.

VII. La crisis de drogas opera no sólo sobre jóvenes sino sobre poblaciones carecientes de donde la organización del narcotráfico recluta los sicarios y la mano de obra descartable para los trabajos sucios. No sólo las cárceles sino los centros terapéuticos sienten este impacto. La droga ingresa en barrios críticos con familias desorganizadas y en crisis permanentes. El problema legal de estas poblaciones es permanente, como así el trabajo de organizaciones en la distribución. La formación de líderes barriales y sociales es un imperativo de la hora; ya que la droga funciona en estos ámbitos como un "veneno" social.

VIII. Donde hay crisis de drogas hay un intento de controlar sectores institucionales del Estado, desde los "punteros barriales" pasando por distintas estructuras municipales, judiciales, de seguridad. Ésta es la experiencia de la mafia italiana, en Colombia y en otros países. Es la educación social y la movilización de la comunidad una posibilidad cierta para enfrentar realidades.

IX. Donde hay crisis de drogas hay líderes intelectuales que la aplauden. Forman parte de un supuesto progresista ignorando la explotación de los seres humanos que está en juego en este negocio. La formación universitaria y de comunicadores es imprescindible.

La alarma social

X. Donde hay crisis de drogas hay alarma social que de no ser contenida puede transformarse en pánico social. Transformemos la alarma en trabajo con la comunidad y formemos líderes para contener y orientar la energía de la comunidad.

La droga es un desafío. Desafío clínico. Pero fundamentalmente DESAFÍO SOCIAL. Es una oportunidad para que la comunidad crezca. Las sociedades nunca se suicidan.

CAPÍTULO XII

SUBPROGRAMAS DE LA RED PREVENTIVO-ASISTENCIAL DEL PROGRAMA "10.000 LÍDERES PARA EL CAMBIO"

Estos subprogramas que a continuación detallaré son los nudos que conectan la red de contención del fenómeno adictivo.

La red tiene una estrategia territorial basada fundamentalmente en el municipio y sus distintos efectores: red de salud, red educativa, redes de organizaciones sociales, de comunicación social y de servicios públicos que tienen acción en esa localidad (municipales, provinciales y/o nacionales).

Se efectiviza esa acción a través de subprogramas o proyectos preventivo-asistenciales específicos. Lo opera un director de programa local ligado a un director regional.

La provincia está dividida en 18 regiones que engloban a 134 municipios.

El director de programa trabaja en conjunto con el grupo motor de la localidad.

Los subprogramas, si bien están estratégicamente organizados desde el plano provincial, funcionan o no a nivel municipio de acuerdo con las necesidades y el diagnóstico de cada territorio.

A su vez cada subprograma se articula con otros sectores del Estado provincial. Surgen de convenios con el Ministerio de Salud, Consejo de la Familia y Desarrollo Humano, Secretaría de Seguridad, Policía Bonaerense, Dirección General de Escuelas y Cultura.

Todos estos subprogramas se basan en cuatro ejes de la política de adicciones que forman el *Frente Comunitario Preventivo*:

- organización de un sistema de acción de educación preventiva y comunitaria (Red preventiva);

- organización de un sistema de centros, de menor o mayor complejidad, de asistencia, rehabilitación y reinserción del adicto (Red asistencial);

- un marco normativo que permita el control de alcohol, tabaco, pegamento, especialmente en menores, y que permita la aplicación de la ley de Tránsito en relación con la conducción de vehículos en estado de alcoholización así como el respeto del marco legal de la no venta de alcohol en quioscos, estaciones de servicio y polirrubros. También la aplicación de las medidas de tipo curativo y educativo que exige la ley de Drogas (23737);

- organización de movilizaciones comunitarias que apuntan a la concientización del problema de las drogas.

Frente comunitario preventivo

* Red preventiva
* Red asistencial
* Cumplimiento del marco normativo
* Movilización comunitaria

Subprogramas en ejecución

Red preventiva: redes educativas en general

La capacitación tiene diferentes módulos formativos de progresiva información.

1. Capacitación de docentes:

Módulo I: 30 hs. Incluye nociones básicas de prevención escolar y comunitaria.

Módulo II: 30 hs. Incluye la capacitación en psicología de la adolescencia, toxicología, familia y formulación de proyectos preventivos.

Módulo III: 70 hs. Incluye la formación de técnicos escolares con evaluación de proyectos y la inclusión del docente en la red comunitaria.

Módulo IV: 230 hs. Tiene como objetivo la creación en cada centro escolar de un centro preventivo escolar con la participación de alumnos, padres y docentes.

A su vez existen programas especiales para supervisores, directivos e inspectores.

2. Creación de centros preventivos escolares

El Centro preventivo escolar es la estructura institucional que, enclavada en cada escuela, se transforma en lugar permanente de orientación en prevención inespecífica y específica.

En este momento se han desarrollado 3.000 centros preventivos escolares con programas de sostenimiento y supervisión permanente.

El Centro preventivo escolar proporciona:

a) Capacitación y orientación permanente en una cultura de la salud y por la vida y está dirigida a todos los sectores involucrados en el proyecto: docentes, padres y alumnos.

b) Normas de procedimiento ante: situaciones de riesgo de consumo de drogas y alcohol para todos los sectores de la comunidad educativa, la posibilidad de un tráfico en cercanías de la institución escolar o en la escuela misma, inclusión de la escuela en la red asistencial ante alguna demanda de asistencia o necesidad.

c) Aplicación del Programa "La Aventura de la Vida": cada centro preventivo escolar está autorizado a desarrollar este programa que es útil para niños de 8 a 12 años, que logra incluir a través de juegos de figuritas toda la problemática de la educación para la salud y la calidad de vida desde edades tempranas.

3. Escuelas para padres y educadores familiares

Las escuelas para padres surgen desde las escuelas por la demanda de la comunidad. Se fundan en talleres sobre una base de diez pasos (se adjunta al final del capítulo), que sirven como un estímulo para reflexionar sobre la educación familiar, la prevención de situaciones de riesgo y la orientación ante cualquier demanda a la red asistencial.

Las escuelas para padres llevaron a la creación de la Asociación bonaerense de padres que, como organización no gubernamental, actúa en distintos sectores de la provincia (18 regiones) potenciando los principios de la educación preventiva y el apoyo a todas las medidas normativas que tiendan a la protección de los menores frente a la problemática del alcohol y las drogas.

A su vez, el desarrollo de la movilización familiar llevó a la coordinación con la red universitaria para la formación superior de Educadores Familiares.

4. Mochila preventiva

Cada escuela recibe una mochila con elementos didácticos preventivos, video, libros, material pedagógico para las distintas edades desde la edad preescolar hasta la finalización de la educación secundaria.

La mochila preventiva va acompañada de una capacitación de los equipos docentes y de los centros preventivos escolares.

La capacitación docente, los centros preventivos escolares, las escuelas para padres y la mochila preventiva, a su vez, están sostenidas tecnológicamente por otros dos subprogramas:

5. Material didáctico

La concepción permanente de material bibliográfico, didáctico y audiovisual es la base de una socialización del conocimiento, la información y de las experiencias en la red educativa.

6. Movilización educativa

La organización de eventos educativos en todas las regiones a través de jornadas, confección de lemas, participación de la familia, etc. une a la escuela y a la estructura docente en la tarea preventiva y los hace interactuar con otros estudiantes de la provincia. La competencia escolar sirve a estos propósitos. En muchos casos esto se transforma en un hecho cultural con la intervención de distintas organizaciones de la comunidad: medios de comunicación gráfico, televisivo y radial como sucede en la zona sur de la provincia con sede en Bahía Blanca con la participación del diario Nueva Provincia, LU2 radio local y el canal de la zona. Todo esto potenciando desde la comunicación social, la competencia escolar y la participación de los docentes.

Red preventiva: Red de prevención comunitaria

Siendo la población juvenil la más vulnerable a las consecuencias de las drogas y el alcohol, la promoción de líderes juveniles con un programa de capacitación específico y una tarea territorial municipal determinada fundamenta la filosofía y la práctica de la prevención "par a par" - "joven a joven" en distintos espacios en donde éstos se desarrollan (escuela, barrio, instituciones intermedias, grupos de ocio y tiempo libre, medios de comunicación).

7. Movimiento "Jóvenes por la Vida"

Existen Jóvenes por la Vida en más de 80 municipios y se encuentran en este momento enormemente desarrollados los coordinadores adultos de jóvenes que resultan de un proceso de capacitación y que son líderes del Municipio con particular vocación hacia el trabajo juvenil.

El programa juvenil a su vez trabaja con la Organización de *Scouts* de la provincia de Buenos Aires y con el movimiento nacional de jóvenes PROFEMISO.

El movimiento *scout* nuclea a miles de jóvenes especialmente de barrios periféricos, y es una verdadera organización recreativo-educativa de amplio alcance y con una profunda militancia ética.

El Programa juvenil apoya además, experiencias de ocio planificado y con una organización educativa sistemática como son los campamentos juveniles. En este momento actúan en las localidades de Tandil y Moreno, captando poblaciones infantiles, puberales y adolescentes de barrios críticos.

8. Líderes barriales

La formación de líderes barriales está centrada en territorios sociales con alta incidencia epidémica. Se forman educadores de calle, actividades planificadas de ocio y tiempo libre en barrios periféricos y para integrarlos a la cultura urbana; además se trabaja activamente en la consolidación y/o transformación de las sociedades vecinales cuando éstas se hallan sensibilizadas para enfrentar el problema de las drogas.

Se hallan en desarrollo 320 proyectos preventivos barriales.

9. Líderes deportivos

La capacitación preventiva de líderes deportivos (organizaciones barriales, clubes de pueblo, asociaciones federadas, agremiación de futbolistas, etc.).

El deporte es indudablemente una escuela de vida, y tiene en los barrios periféricos y especialmente en zonas de gran deserción escolar y/o familiar una gran incidencia en el aprendizaje simbólico social: reglas, normas, sentido de la autoridad, control de la violencia, solidaridad grupal, sana competencia, etc.

Se hallan en desarrollo más de 15 programas deportivos siendo los más importantes: Futbolistas Argentinos Agremiados, Racing Club, Tigre, Deportivo Laferrere, etc.

10. Trabajadoras vecinales en la prevención

Las trabajadoras vecinales también llamadas "manzaneras" cumplen una tarea que permite llegar a la base del sistema social en los barrios críticos. La "manzanera" capta la población de niños con necesidades alimenticias de 0 a 5 años de edad en una población con un radio estimado de cuatro manzanas. Todos los días entrega una ración alimenticia que sostiene las necesidades proteicas de la familia en riesgo.

La manzanera, poco a poco, capta otras necesidades sociales en esos barrios periféricos, entre ellas está el problema de las drogas y el alcoholismo. Se las capacita y esto asegura una acción sostenida en situaciones de emergencia adictiva y se la liga a la red de la localidad.

Participan del Programa alrededor de 13.000 manzaneras, siendo su alcance actual una población de 600.000 personas en más de 46 distritos.

11. Venta callejera de drogas y su probable incidencia en sectores vulnerables evolutivos y/o sociales

Trata de apoyar a docentes, directores escolares y organizaciones comunitarias cuando se encuentran en conflicto con el consumo y/o venta de drogas y alcohol en su territorio social. Se los asesora y forma, tanto en lo personal (ansiedades, angustias, temores), como en lo técnico y también desde la perspectiva jurídica.

En lo personal se busca apoyar la personalidad individual de cada uno de los involucrados buscando que clarifiquen su situación ya que todos tienen, habitualmente, responsabilidades institucionales (directores escolares, por ejemplo).

Para ello se instrumentan talleres de reflexión y técnicas grupales con base sistémica.

Desde lo técnico se busca aumentar el cúmulo de conocimientos sobre la problemática adictiva y sobre los aspectos preventivos a través de jornadas de profundización con el personal profesional de la secretaría (módulos de adolescencia, familia, toxicología, sistema preventivo de los 10.000 Líderes, etc.).

En lo referente al aspecto jurídico legal se brinda a la comunidad educativa o a la organización comunitaria la posibilidad de efectuar toda la presentación legal del caso, dando cumplimiento al sistema normativo nacional y/o provincial vigente.

De esta manera se brinda protección jurídica y legal al agente involucrado y la facilitación del esclarecimiento del caso por medio del aparato jurídico-policial.

La operatoria específica incluye jornadas de información jurídica por medio de la colaboración de los distintos estamentos judiciales (federales, penales, correccionales y tribunales de menores). Existe un manual operativo para poder actuar ante todas estas emergencias.

12. Fonodroga

Es un servicio telefónico preventivo que funciona las 24 horas todos los días de la semana ante el requerimiento de la población en riesgo de la red preventivo-asistencial. Busca orientar sobre las conductas más adecuadas frente a una situación conflictiva. Define una derivación a los consultorios de admisión y a los centros preventivos asistenciales de la red pública.

Este servicio comenzó el 1 de marzo de 1994 y hasta la actualidad ha resuelto 50.000 demandas telefónicas.

Activa las distintas organizaciones religiosas a los efectos de la participación en el Programa 10.000 Líderes.

13. Programa confesional

La formulación preventiva pasa por distintas acciones en los territorios: formación de jóvenes (Obispado de Mercedes y San Isidro), trabajo comunitario preventivo (Obispado de Mar del Plata), trabajo asistencial (Arzobispado de Bahía Blanca), trabajo de consultorios de admisión en la red asistencial (Obispado de San Justo), trabajo preventivo en la red parroquial (Obispado de Lomas de Zamora), planificación y desarrollo de una comunidad de día para pacientes adictos en conjunto con la secretaría provincial (Obispado de Avellaneda).

14. Programa laboral

Trabaja con gremios, cámaras de producción y servicios, organizaciones laborales en general a los fines de desarrollar una política de formación de dirigentes empresariales y gremiales para generar proyectos preventivo asistenciales en los diferentes circuitos institucionales.

Cumplimiento del marco normativo

Existen distintas leyes que normatizan distintos aspectos relacionados con las drogas legales e ilegales.

15. Medida de seguridad educativa

El artículo 21 de la Ley 23737 permite que un número determinado de experimentadores que toman contacto con el sistema legal modifiquen su conducta personal y social con relación a la tenencia y uso indebido de drogas.

La medida de seguridad educativa parte de la base de que el usuario ocasional ha comprometido su vida relación social negativamente y ha puesto en riesgo su salud a partir de lo cual se busca lograr el mejoramiento de los vínculos y la creación de redes de intervención -participan tratando de lograr una formación integral de la persona.

Participan en toda esta actividad equipos docentes que trabajan en conjunto con los equipos terapéuticos públicos de la red asistencial.

El Programa se está desarrollando en toda la provincia en todas las cabeceras judiciales; por lo tanto hay 18 centros de referencia de la medida educativa.

El Programa tiene distintas etapas o pasos con módulos: proyecto de vida, hábitos de vida, inserción laboral, recreativa y educativa, procesos evolutivos sexuales, responsabilidad socio-cultural, cultura de la dependencia, modelos identificatorios, trabajo sobre su situación judicial, etc.

Para todo esto se emplean distintas estrategias: grupos con intervención familiar, entrevistas personales, grupos educativos, talleres de identidad, juego, construcción de biografías, etc.

16. Programa patologías adictivas callejeras

a) Efectiviza el cumplimiento de las distintas normativas que regulan las problemáticas del uso indebido de alcohol tales como:

- Ley 11.768 (de Tránsito): cumplimiento del artículo 96 en relación al control de alcoholemia.

- Ley 11.748: cumplimiento de la normativa que prohibe la venta de alcohol a menores.

- Ley 11.825: prohibición de venta de alcohol en quioscos y estaciones de servicio, venta callejera de alcohol, de ingesta de alcohol en vía pública, de venta de alcohol entre 23 y 8 hs.

- Decreto 3625 Artículo 8: prohibición de exhibición y venta de alcohol en las confiterías bailables donde concurren menores y mayores.

b) Lleva el contralor de los casos contravencionales por consumo de alcohol y/o droga tanto lícitas como ilícitas a efectos de entender primariamente los distintos hechos y efectuar en caso necesario las correspondientes derivaciones ya sea a lugares de internación o a los Centros Preventivos Asistenciales según la gravedad del caso.

La operatividad se efectiviza visitando las seccionales de cada una de las Regionales Policiales.

17. Formación policial

Comprende la capacitación en prevención de las adicciones en tres tipos distintos de espacios formativos:

- academias al personal actualmente en servicio especialmente el que se encuentra en la calle y el contravencional;

- cursos de extensión universitaria para formar dos efectivos por seccional apuntando a la parte de asistencia social por su baja rotación;

- en los Institutos de Formación Policial dictado de una materia específica.

18. Formación de personal judicial

La justicia en todos sus sistemas es indudablemente una red de contención del fenómeno adictivo. Muchos adictos encuentran en la justicia el único recurso para empezar a modificar los cursos de su vida. Indirectamente el juez se encuentra con el problema de la droga. Directamente el sistema recibe a alguien que ha cometido un delito contra la propiedad, violencia sobre otro, accidentes, etc.

Comprender el fenómeno de drogas que se halla en juego orienta no sólo la causa, sino fundamentalmente toda la historia de una persona y una familia.

Todo el sistema judicial de la provincia participa de ciclos formativos (Juzgados Federales, Cámara Federal, Juzgado de Menores, Civiles, Criminales y Ministerio Público).

Redes de apoyo a los distintos programas

Estas redes incluyen todos los programas de capacitación superior universitaria, registros epidemiológicos, capacitación de organizaciones no gubernamentales, tareas de contralor supervisión de organismos privados de asistencia y prevención, desarrollo de nuevos proyectos.

19. Observatorio bonaerense de drogadependencia

Implica la vigilancia epidemiológica del abuso de sustancias siguiendo ciertos parámetros internacionales (edades prevalentes, tipo de sustancias consumidas, configuración familiar, escolaridad, inserción ocupacional, etc.).

Todo esto permite evaluar cuantitativa y cualitativamente la marcha del problema de las drogas. Esto a su vez se convierte en una medida indirecta de todos los pasos y medidas que se están tomando en las áreas.

Otro de los indicadores que se estudia es la tarea preventiva en las distintas regiones provinciales.

Existen también estudios de seguimiento de la población escolarizada secundaria en forma semestral, en relación al consumo de drogas y alcohol.

20. Red universitaria

Capacita en el área de adicciones a profesionales, docentes y a miembros de las fuerzas vivas de la comunidad.

Forman parte de la misma las siguientes universidades:

- Universidad del Salvador.
- Universidad de Buenos Aires - Facultad de Medicina.
- Universidad de la Fraternidad de Agrupaciones Santo Tomás de Aquino (FASTA) - Mar del Plata.
- Instituto Superior Juan XXIII - Bahía Blanca.
- Instituto del Prof. Juan V. Terrero - La Plata.
- Universidad Nacional del Centro - Tandil.
- Universidad Tecnológica Nacional - Facultad Regional San Nicolás.
- Universidad Nacional de Lomas de Zamora.
- Instituto Superior de Ciencias de la Comunicación Social - Bahía Blanca.

- Universidad Maimónides.
- Universidad Nacional de La Matanza.
- Universidad Nacional de Quilmes.
- Universidad Nacional de La Plata.
- Universidad Bar-Ilan.

21. Supervisión y control de gestión de las estructuras regionales

La gestión en los 18 territorios en los cuales está dividida la provincia de Buenos Aires necesita una doble acción:

a) articulación de las distintas problemáticas regionales dentro de un proyecto global provincial;

b) ayudar a gestionar los distintos conflictos que se puedan dar internamente en cada región.

A su vez la supervisión y el control de gestión orienta y analiza el control de calidad en la aplicación de los distintos subprogramas en la región y dentro de los municipios.

22. Sistema de control de calidad y supervisión de las ONG e instituciones públicas

Ejerce un sistema de auditoría y supervisión de todas las instituciones convenidas por el sistema de becas y subsidios así como también aquellas que sólo están inscriptas en el Registro Provincial de Instituciones. Así mismo las instituciones públicas reciben un sistema de control de calidad.

Se busca en todas el respeto a ciertos estándares que hacen a la profesionalización de la asistencia y a registros metodológicos y científicos de la asistencia.

23. Desarrollo de nuevos proyectos

Las realidades epidemiológicas nos acercan a la creación de servicios de distinta complejidad de acuerdo con las necesidades de las comunidades locales.

El desarrollo de cada proyecto surge de un estudio de la realidad del consumo, de las realidades sociales y políticas de cada territorio.

De acuerdo con todos los estudios se evalúa el tipo de servicio necesario dentro de las diversas complejidades de la red: grupo GABA, centro de admisión, centro preventivo-asistencial, centro de internación (comunidad terapéutica, doble diagnóstico, de reinserción social).

24. Subprograma de drogas y enfermedades asociadas (HIV)

Los portadores rondan el 15 %, en la población que atendemos actualmente. Por ello es necesaria una atención especial a esta población. En convenio con FUNDAI (Fundación de Ayuda al Inmunodeficiente) se capacita a todo el personal de la red pública en la problemática del HIV-sida. A su vez se han creado cinco cabeceras de atención en el conurbano para adictos portadores.

25. Capacitación de comunidades terapéuticas

Las comunidades terapéuticas deben sostener ciertos estándares:

- proyecto terapéutico y de reinserción;
- metodología evaluable de diagnóstico y toma de datos (historia clínica);
- profesionalidad de la asistencia;
- utilización de métodos que respeten la dignidad humana.

Se capacita a las organizaciones que recién comienzan, en la puesta en práctica de estos mínimos a través de talleres de capacitación y supervisión.

26. Formación organizacional

Se realiza un proceso de capacitación gerencial a los directivos de los Centros Preventivos Asistenciales y a su vez se organizan comunidades de reinserción social con salida laboral.

27. Sub-programa comunicacional

Articula la prevención en cada localidad con los distintos efectores comunicacionales que existen. Además genera un movimiento de capacitación de periodistas y comunicadores sociales.

Red asistencial

Los centros de la red se hallan diseminados en el territorio provincial respondiendo a las necesidades de cada localidad pero a su vez en su misma estructura están interconectados ya que existe entre ellos una relación de complejidad.

28. Red pública de centros de tratamiento

Cada punto de la red en lo asistencial tiene una determinada complejidad, entendiendo por ésta a la estructura técnica y de servicios que posee.

Se pueden graficar de esta manera la red y sus puntos:

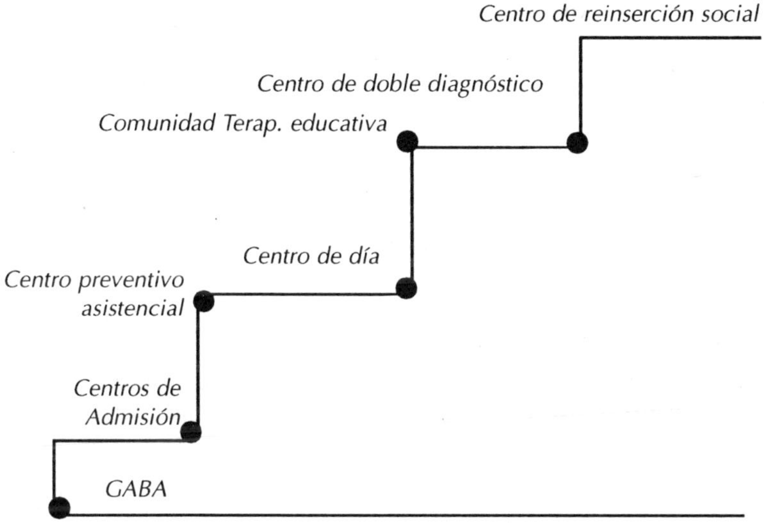

a) GABA

Punto de menor complejidad de la red. Son sistemas de autoayuda con supervisión profesional.

b) Centros de admisión

Son consultorios diagnósticos y de orientación terapéutica.

c) Centro preventivo asistencial	Sistema terapéutico articulado en ámbitos individual, familiar, grupal, educativo. Incorpora técnicas diversas y es el centro por excelencia de la red dentro de la estructura provincial y eje de las acciones municipales.
d) Centro de día	Sistema terapéutico complejo con un programa diario de actividades que incluye terapia individual, familiar, grupos educativos, terapias multifamiliares, etc.
e) Centros de internación	Comunidades terapéuticas, centros de doble diagnóstico, centros de reinserción. Las comunidades terapéuticas dentro de la red se dividen en *comunidades terapéuticas educativas y comunidades de vida.*

En las *educativas* existe una planificación diaria de actividades, un programa específico de reinserción, una dirección profesional articulada con la acción de distintos operadores y la posibilidad de ayuda a cierto tipo de pacientes dentro del espectro de las adicciones; habitualmente se deriva por la negativa, o sea no pueden recibir cuadros psicóticos, deterioros orgánicos por el uso de drogas, psicopatías ligadas a situaciones delictivas.

Las *comunidades de vida* son centros con una orientaciòn religiosa, basados en estrategias de socialización y de resocialización que no tienen un programa terapéutico específico. La terapia ocupacional es un eje dentro de estas estructuras.

Los centros de *doble diagnóstico* acogen pacientes con compromisos psiquiátricos derivados del uso de drogas y poseen una estructura de contención con cuadros más profesionalizados. Utilizan estrategias medicamentosas, psicofarmacológicas además de todas las derivadas de la comunidad terapéutica para pacientes psiquiátricos, en este caso adaptados a los pacientes duales.

29. Evaluación diagnóstica de la red y subprograma de derivación y asistencia directa

El diagnóstico en todas sus vertientes: psicológico, de personalidad, psiquiátrico, social, familiar, legal es uno de los ejes claves de la estructura de la red.

Nos permite evaluar las posibilidades de cada paciente y su familia de acuerdo con determinadas tipificaciones. A su vez, los recursos de la red tienen cada uno de ellos su propia tecnología que los hace aptos para determinadas patologías, y no para otras.

Existe un centro provincial de derivación que se relaciona con todos los juzgados y todos los centros locales de derivación (centros preventivos asistenciales, centros de admisión).

Este Centro coordina la derivación de pacientes a los centros de tratamiento públicos y privados de la red. Supervisa la documentación técnico-administrativa, las historias clínicas y los oficios judiciales para su posterior derivación.

30. Programas de capacitación para integrantes de centros de admisión y para agentes de salud en atención primaria

El Centro de admisión es una estructura clave dentro de la red. Es el verdadero centro de atención primaria en drogadependencia. La menor complejidad de esta estructura implica una tecnología diagnóstica muy precisa.

El operador de este lugar de la red es un miembro muy determinado que debe ser continuamente capacitado en violencia familiar, adicciones y problemática legal.

Por otro parte, el agente de salud, habitualmente desde un centro sanitario barrial o desde un consultorio hospitalario, recibe o toma un primer contacto con el paciente intoxicado.

El programa implica la capacitación del médico y el enfermo dotándolo de una metodología mínima para este primer encuentro.

31. Programa provincial de padres afectados por las drogas

Cada centro asistencial de la red pública trabaja con familias y muchos de estos padres se pueden convertir en factores de contención para otros padres que se encuentran en las fases iniciales de rehabilitación.

Se forma un voluntariado de padres que generan grupos de orientación coordinados por un profesional u operador terapéutico, grupos de recepción a padres, grupos de padres formadores de aprendices de oficio.

Cada centro de la red tiene un grupo de padres que habilita a otros padres en la mejor utilización del recurso institucional.

CAPÍTULO XIII

LA UNIVERSIDAD Y EL DILEMA ÉTICO SOCIAL QUE PLANTEAN EL NARCOTRÁFICO Y LA DROGADEPENDENCIA

Dimensión del problema y la Universidad

La crisis de drogas que vive la mayoría de los países del mundo tiene cuatro elementos que en todos lados funcionan al unísono: sobreoferta de productos legales e ilegales, síntomas sociales asociados a la misma (aumento del delito, de cuadros psiquiátricos, violencia social y criminalidad), ganancias ilegales que van aumentando y un estado de alarma social que de no contenerse genera situaciones de pánico colectivo.

Estas crisis de drogas en muchos países se transforman en epidemia de drogas. Siempre hay dos países, con características muy diferenciales, China en el siglo XIX y Holanda en el siglo XX, que vivieron una epidemia de drogas.

La epidemia necesita ya para su expansión de un conjunto de elementos de tipo social. Por un lado, un mercado productor y distribuidor que llegue a la intimidad de los barrios; pero fundamentalmente, una cadena de liderazgos que las promueven para llegar finalmente a dos objetivos claves del mercado: los *jóvenes* y los *carecientes*.

La transmisión social

Las poleas de transmisión del consumo y la oferta son sociales: los líderes intelectuales tienen la función de minimizar el riesgo del consumo de drogas (situación que está comprobado es un indicador que favorece el aumento del consumo juvenil). Los líderes sociales captados (deportistas, artistas, hijos de personas de predicamento, personas públicas) se convierten en un *marketing* indirecto de la oferta y el consumo debido a la fascinación que generan las idolatrías desde tiempo inmemorial ajenas a toda posibilidad de crítica racional.

Además, todo esto asegura la entrada en los jóvenes y los carecientes ya que ambos son los último efectores de la cadena de prestigio que los ídolos promueven en una sociedad de imágenes.

La expansión del consumo queda así asegurada especialmente cuando se penetra en situaciones de riesgo social y/o colectivo: barrios críticos, familias desorganizadas, fracaso escolar, problemas de empleo, adolescencia, etc.

El problema de China y Holanda

China y Holanda representan dos polos disímiles de la epidemia. En China podemos estudiar la importancia del problema de la oferta y de la sobreoferta de opiáceos sobre una comunidad. Dos guerras del opio lo testimonian con un resultado final de 90 millones de adictos al opio en la década del 40. El Imperio inglés necesitaba, debido al imperativo del libre comercio, colocar el opio desde la India en China. El triunfo en la guerra marcó un mercado libre en varios puntos de China.

Holanda reconoce una dinámica cultural como la responsable del aumento del consumo. La década del 60 y la cultura *hippie* calaron hondo en Amsterdam, que se transformó en la capital mundial del "hippismo". Dentro de un planteo calvinista de la vida en donde se enfatizaba el concepto de control interno como eje de la responsabilidad individual, y de un lema típico de un país comercial como es el holandés: "vivir y dejar vivir", el consumo de drogas se fue introduciendo lentamente en la sociedad.

El cambio de los paradigmas de la autoridad y de los vínculos y lazos familiares acompañó a todo ese fenómeno. A su vez, la entrada masiva de 300.000 ciudadanos holandeses de la ex-Guyana holandesa, de tez negra y con otras costumbres, cambió radicalmente la vida de dos pequeñas ciudades: Amsterdam y Rotterdam. Esta población poco integrada se transformó en "dealers" de la mafia china, que luego de la guerra de Vietnam se había quedado sin mercado, y que se instaló en Holanda como vía de entrada a Alemania.

Frente a este dilema, el Estado promovía cualquier iniciativa que significara una contención: desde centros de internación con una concepción rígida, hasta casas especialmente adaptadas y subvencionadas por el gobierno para que los consumidores estuvieran sin ninguna dificultad.

En 1978, 1000 adictos toman un edificio público en Amsterdam y la ciudadanía inicia un juicio al Estado. Desde ahí comienza una política para enfrentar el problema.

China y Holanda son dos distintas crisis: en una predomina el polo de la oferta de sustancias que generan dependencia, y en el otro, una demanda insaciable ligada a un cambio cultural y familiar.

La Argentina se encuentra entre estas dos situaciones: por un lado, el polo de la sobreoeferta ligada a países vecinos productores, y por otro, un cambio en los paradigmas de socialización que instala la postmodernidad.

La Universidad y su misión

La Universidad no puede sustraerse a una misión: ofrecer un servicio a la sociedad.

Si las drogas representan una entropía y una decadencia de los sistemas sociales, la Universidad debe ser un aliado del desarrollo social de las comunidades. Ésa es quizás una de las primeras misiones frente a este desafío de los tiempos.

El desarrollo social es sinónimo de ser un agente de socialización de los distintos grupos institucionales y a su vez un instrumento de personalización y de libertad de las familias, las escuelas y los jóvenes.

La Universidad acá es consultora y asesora de programas de prevención y asistencia comunitaria.

En segundo lugar, la Universidad, ya desde la Edad Media, es transmisora del tesoro cultural de una comunidad. No se agota sólo en la formación de profesionales especialistas, de operadores sociales o de investigadores; es lo que permite formar conductores, líderes que admitan frente a la complejidad de la vida actual tecnológica, la creación de una estrategia en donde el mundo de los valores sociales y espirituales nos faculten, al decir de Ortega, a salvarnos del naufragio vital. Eso es la cultura para él un repertorio de convicciones, actitudes que nos permitan vivir a la altura de nuestros tiempos y que nos proporcionan vías o caminos para no naufragar en el propio caos de la vida.

La Universidad al ser promotora y transmisora de cultura apuesta a la formación de un conjunto humano que oriente la crisis de drogas, no hacia la entropía sino hacia un desarrollo y un crecimiento.

La Universidad forma líderes, crea generaciones para enfrentar aquello que representa un desafío a la cultura misma y al primer valor en juego: *la vida misma.*

En tercer lugar, la Universidad rompe con el arco de lo sectario que sería un conocimiento esotérico y no científico, para contener y orientar la crisis. Así surge el fenómeno de la *profesionalización*: el método, principios claros, el rigor de la evaluación de los resultados, la cadena de experiencias contrastadas que introduce el maestro, el estudio de las relaciones sociológicas, etc.

Por último, la Universidad incorpora la investigación como un instrumento permanente de la acción en las comunidades y en la evaluación profesional.

La Universidad aliada al desarrollo social y a la promoción de diversidad de liderazgos, transmisora de valores culturales esencialmente contenedores y orientadores de las crisis vitales, profesionalizando frente a lo sectario y a la vez investigando se convierte en un motor de la gestión de políticas en drogadependencia.

La Universidad y los 10.000 Líderes para el Cambio

La Red de Universidades (16) funcionando en la provincia de Buenos Aires trabajan sobre esta base conceptual.

Las distintas carreras, tecnicaturas, cursos de especialización y de educación social sirven no sólo como una polea de transmisión de información, sino fundamentalmente como la creación de una generación de líderes desde la formación en distintas áreas: médicas, psicológica, de operación social, educadores familiares, etc.

La Red de Universidades actúa articulada a las distintas redes sociales : red escolar, red de salud, redes de organizaciones sociales y de comunicación social.

A su vez, su polo de inserción territorial concreta es el municipio ya que es la estructura de contención más cercana a la comunidad.

CAPÍTULO XIV

LAS DROGAS – POLÍTICA EN EL SERVICIO PENITENCIARIO

Realidad de las drogas en la provincia de Buenos Aires

En la medida que asistimos a una epidemia de drogas a nivel nacional, debemos analizar como esta situación toca a la provincia de Buenos Aires.

Haciendo un estudio analítico de la situación entre el año 1995 y 1997 nos encontramos con los siguientes datos. Tomamos como medida la demanda de tratamiento en primer lugar en relación a la escolaridad.

Ha habido entre el 95 y el 97 un descenso del 110 % en el *conurbano bonaerense* de la población que tiene escolaridad secundaria completa en la demanda de tratamiento. Esto se conjuga con un descenso de consumo en esta población del 2,4 % en 1995 al 1,7 % en 1997. A primera vista, parece claro observar como la permanencia en el ciclo secundario es un factor protector en la crisis adolescente y más aún cuando la red escolar se ha convertido en una vía elegida por el Programa "10.000 Líderes para el Cambio" para la formación de docentes, directivos, padres y jóvenes.

Como contrapartida, observamos un aumento significativo (100 %) de las consultas de los alumnos que no han culminado el ciclo primario. Esto merece dos lecturas, en primer lugar el abandono escolar unido habitualmente al desmembramiento familiar y al abandono infantil son singulares condiciones de riesgo para distintas conductas auto-destructivas, entre ellas el uso precoz de drogas así como la inclusión en conductas delictivas. Entre esta población se encuentran los niños de la calle.

Una conclusión a la que podemos arribar es que un chico que queda contenido en la escuela y que logra culminar su escolaridad es una persona más protegida frente al consumo de drogas.

Los mismos riesgos que observamos en el conurbano, se observan en la *Provincia interior.*

En relación al consumo de drogas observamos un incremento de pedido de consultas por el abuso con sus consecuencias tóxicas y mentales por el uso de marihuana. En 1995 el 12 % del total de los pacientes consultaba por el uso de esta sustancia, esto actualmente subió a casi el 30 %. Los pacientes consultan por signos de despersonalización, alteraciones de conducta, aislamiento psicótico, etc.

La marihuana muestra que no es sólo una droga de iniciación sino que es una droga de consulta que genera consecuencias psíquicas y sociales luego de varios años de ingesta. Todo esto adquiere importancia en momentos en que la marihuana tiene un gran *marketing* publicitario banalizándose sus consecuencias dañinas para la salud.

Otro dato interesante entre los años 95 y 97 es el descenso de la consulta por el abuso de *cocaína* del 78 % al 55 %.

Otro descenso significativo es la baja entre los mismos períodos de la consulta por *abuso de psicofármacos* que del 4,2 % bajó al 2,1 % de la población total de adictos tratada. Esta baja, creemos que en parte se debe a la política implementada en toda la provincia en relación al control de psicofármacos a través de la llamada receta "naranja" de tipo inviolable que se ha implementado conjuntamente con el Ministerio de Salud, el Colegio de Farmacéuticos y el Colegio de Médicos, todos interprovinciales, que ha limitado enormemente la falsificación de recetas médicas.

En relación con el consumo de *opiáceos,* hemos pasado del 0 % al 0,3 %. Tanto en el conurbano como en la provincia interior ha subido la demanda de tratamiento de la población alcohólica. Éste es un dato positivo ya que la patología alcohólica en la Argentina se encuentra por motivos diversos oculta como enfermedad. Además, nunca se realizó una política preventiva de esta adicción resultando ser el consumo de alcohol una de las estrategias más publicitadas de venta apelando a distintos signos de poder, prestigio o *status* para promover su ingesta. Incluso ya va dirigida a la población púber e infantil a través de la utilización propagandística de dibujos animados que incitan al consumo.

El Programa "10.000 Líderes para el Cambio", desde sus inicios, generó una acción muy fuerte de detección precoz del alcoholismo desde los movimientos de jóvenes a través de la formación de "mediadores juveniles" con el lema: "Cambiá beber por vivir." A su vez, se trabajó en el Programa Provincial de Alcoholemia con la instauración del control a los automovilistas del test de alcohol, a través de las modificaciones de las leyes de tránsito provincial y nacional.

Todas estas tareas de prevención del alcoholismo, mostrando los daños y enfermedades asociadas, indudablemente tuvieron que ver con la demanda explícita de tratamiento a una población que tenía una demanda latente.

Un dato epidemiológico significativo en relación a la marcha del problema de las drogas, especialmente por su incidencia con enfermedades asociadas como el sida y la hepatitis, es el uso endovenoso. En el año 95 teníamos un 8,4 % de la población que utilizaba droga inyectada compartida con otro usario; en el año 97 esto bajó al 1,4 %. Otra característica es la utilización endovenosa en forma individual (o sea sin compartir); acá pasamos del 10 % en el 95, al 3,3 % en el 97.

Todos los datos anteriores pertenecen al conurbano bonaerense. En la provincia interior, la jeringa compartida era del 6,6 % en el 95 y ha bajado al 1 %. La utilización endovenosa en forma individual bajó en el mismo período de tiempo del 14,8 % al 4,1 %.

Con relación a la edad de inicio a las drogas, en el conurbano bonaerense habían comenzado los pacientes a los 16 años 4 meses, y hoy la edad de inicio es a los 17 años. En la provincia interior teníamos en el 95 una edad de inicio a los 17 años 3 meses y hoy ha bajado a los 16 años 6 meses.

El promedio de años para iniciar un tratamiento, que resulta del tiempo transcurrido entre el comienzo del consumo y la demanda de tratamiento, es de alrededor de 7 años; o sea que el paciente consulta alrededor de los 23 años de edad. En una política preventiva, subir la edad de iniciación es un objetivo prioritario ya que cuanto menor es la edad más deteriorantes pueden ser las consecuencias del uso. Hay razones de maduración física, psíquica y del propio cerebro que explican esta situación.

Sociedades complejas y la drogadependencia

La incidencia de la velocidad del cambio tecnológico, la mediatización satelital de los usos, costumbres, noticias, la interdependencias de las economías y de los flujos financieros, la formación de bloques regionales, los cambios en la estructura del empleo, el resquebramiento de las lealtades familiares, que de la familia extensa preindustrial pasa a la familia nuclear en la industrial, hasta las actuales configuraciones familiares que fluctúan desde la monoparental a distintas formas de uniones transitorias que coexisten en el resto de la sociedad con familias estructuradas; son alguno de los elementos que constituyen la dramática de las sociedades actuales complejas.

Las redes tecno-informáticas parecen ser la clave que dirigen la vida del hombre técnico que surge en esta época; dejando esto al margen al hombre interior que hoy puede ser descrito como un "ser a la intemperie". Se da la paradoja: un ser humano hipervinculado con aparatos y sistemas técnicos y a la vez con déficits en su desarrollo anímico, afectivo y espiritual.

Las drogas tienen que ver con toda esta realidad.

La inteligencia emocional tan magistralmente relatada por Coleman parece hallarse en crisis ya que la apatía, la errancia de los amores y la imposibilidad de sostener vínculos estables y gratificantes son hoy una posibilidad cierta en el mundo tecno-trónico. La crisis del sistema de valores se asocia a esto. El teólogo Romano Guardini retrató magistralmente todos estos acontecimientos en su conferencia titulada: "El servicio humano en riesgo". En 1956 muestra algo que después varios autores post-modernos como G. Lipovetzky retrata en su obra *El crepúsculo del deber.* Narra Guardini la crisis de la ética judeo-cristiana y de la que surge de E. Kant.

La ética cristiana basa el servico al prójimo en dos grandes lemas: "Ama a Dios y ama a tu prójimo"; cuando le preguntan a Jesús cómo llegar al Reino de los Cielos él responde poniendo el ejemplo del samaritano. Es un deber ayudar al otro; no olvidemos que había un conflicto histórico entre el judío y el samaritano. Ayudar al otro, tomando el modelo del servicio samaritano, es el deber máximo.

Kant despoja al deber de toda connotación religiosa, pero el otro es el eje del servicio, e incluso define "la felicidad como el cumplimiento del deber".

La post-modernidad anuncia la crisis de estos dos paradigmas, de ahí que el servicio al prójimo se halla en riesgo.

El paradigma de hoy parece ser el individuo con sus derechos, apareciendo oscura la noción de deber comunitario. De ahí el peligro del individualismo.

Bases de la comunidad terapéutica en un medio carcelario

- Creación de una cultura terapéutica: es el conjunto de valores que surgen por la tradición y la historia de un grupo; para ello es necesario mantener la mayor cantidad posible de permanencia del personal; tema difícil en la vida del servicio penitenciario por la rotación del personal. De todas maneras debemos tratar de sortear esta dificultad generando un programa especial para estas unidades.

La cultura terapéutica es la base del aprendizaje social que se da en las comunidades terapéuticas.

- La tecnología social se basa en la *fuerza del grupo* tratando de limitar los liderazgos negativos y apoyando los liderazgos positivos.

- El entorno debe ser estructurado con una programación de actividades diarias y semanales.

- Cada comunidad terapéutica también debe respetar los objetivos fundacionales.

En las adicciones hay diversas formas diagnósticas que delimitan igualmente los objetivos. Una comunidad terapéutica que trata pacientes con doble diagnóstico es diferente de un sistema en donde los pacientes son voluntarios y con problemas de drogas con escasa incidencia psiquiátrica y/o legal.

- La comunidad terapéutica configura una estructura social. Nace en principio asociada a la noción de clima terapéutico a través de los descubrimientos de H. S. Sullivan al analizar las distintas respuestas de los pacientes que, con similares tratamientos médicos, reaccionaban de una manera diferente de acuerdo con las salas en las cuales transcurría su internación. El clima terapéutico basado en una adecuada organización institucional beneficiaba la evolución de la patologías orgánicas. En las salas en donde el desorden institucional y un clima de apatía afectiva o de abierta hostilidad generaban una respuesta contraria.

- La base de la comunidad terapéutica son sus recursos humanos. La calidad del servicio humano que se brinda es el eje de cualquier aprendizaje. El modelo es la base del aprendizaje social en las comunidades terapéuticas y éste surge como consecuencia, también, de la interacción entre el residente con el personal, en donde se da todo en proceso identificatorio al servicio del desarrollo personal. En este aspecto es fundamental la capacitación permanente del personal y su supervisión externa.

BIBLIOGRAFÍA

Arlacchi, Gelardi, Lamberti, Nocifora, Tessitore, *Mafia, 'ndragheta & Camorra,* Edizioni Lavoro.

Arlacchi, Pino, *La Mafia impreditrice. L'etica mafiosa e lo spirito del capitalismo,* Bolonia, Societá Editrice il Mulino, 1983.

Baudrillard, Jean, *El otro por sí mismo,* Barcelona, Anagrama, 1988.

Beillerot, Jacky, *La formación de formadores,* Buenos Aires, Universidad de Buenos Aires/Novedades Educativas, 1996.

Bobes, J., *Éxtasis. Aspectos farmacológicos, psiquiátricos y médico-legales,* Buenos Aires, Ediciones en Neurociencias, 1995.

Calleja González, Ma. Francisca, *Prevención de drogodependencias. Modelo educativo y proyecto comunitario,* Salamanca, Hespérides, 1994.

Carpio, Adolfo P., *Principios de Filosofía. Una introducción a su problemática,* Buenos Aires, Glauco, 1995.

Carreras, Eijo, Estany, Gómez, Guich, Mir, Ojeda, Planas, Serrats, *Cómo educar en valores*, Madrid, Narcea, 1995.

Chiozza, Luis, *Del afecto a la afección. Obesidad, SIDA, hiper e hipotiroidismo, enfermedades periodontales, caries dental*, Buenos Aires, Alianza Editorial, 1997.

Contexto social y pedagogia ignaciana, Bilbao, CONEDSI-Deusto, 1995.

De la toma de conciencia a la acción, Office for Substance Abuse Prevention/U. S. Department of Health and Human Services.

Drucker, Peter F., *La administración en una época de grandes cambios*, Buenos Aires, Sudamericana, 1996.

Drucker, Peter F., *Las nuevas realidades*, Buenos Aires, Sudamericana, 1991.

Drucker, Peter, *La innovación y el empresario innovador*, Buenos Aires, Sudamericana, 1994.

Estudios sobre intervenciones en prevención del abuso de drogas: aspectos metodológicos, Monografías de Investigación, Centro de Estudios sobre Promoción de la Salud.

Ferry, Luc, *El hombre-Dios o El sentido de la vida*, Barcelona, Tusquets, 1997.

Forrester, Vivianne, *El horror económico*, México, Fondo de Cultura Económica, 1997.

Fucito, *Sociología general. Conceptos básicos y evolución histórica*, Universidad, 1995.

García-Rodriguez, José y Ruiz Fernández, Javier (comp.), *Tratado sobre prevención de las drogodependencias*, Madrid, Fundación de Ayuda contra la Drogadicción.

Goldsmith, Sir James, *La trampa*, 1994.

Goldstein, Ross y Landau, Diana, *Cuarenta y tantos. El poder y la pasión en la mediana edad*, Buenos Aires, Planeta, 1993.

Grupo Igia, *Estrategias de intervención familiar en drogadependencias,* Barcelona.

Hawking, Stephen W., *Historia del tiempo. Del big bang a los agujeros negros,* Barcelona, Crítica.

Hernández, Daniel, *Un modelo de desarrollo regional,* Grupo Banco Provincia de Buenos Aires, 1996.

Hesselbein, Frances; Goldsmith, Marshall; Beckhard, Richard, *El líder del futurO. Nuevas perspectivas, estrategias y prácticas para la próxima era,* Bilbao, Deusto, 1996.

Inaba, Darryl S. y Cohen, William E., *Drogas: estimulantes, depresores, alucinógenos,* Buenos Aires, Grupo Editor Latinoamericano, 1992.

Isuani, Lo Vuolo, Tenti Fanfani, *El Estado benefactor. Un paradigma en crisis,* Buenos Aires, Miño y Dávila, 1991.

Kapferer, Jean-Noel, *Rumores. El medio de difusión más antiguo del mundo,* Barcelona, Plaza & Janés, 1989.

Kliksberg, Bernardo (compilador), *Pobreza. Un tema impostergable,* México, Fondo de Cultra Económica.

Kotler, Philip y Roberto, Eduardo L., *Mercotecnia social. Estrategias para cambiar el comportamiento público,* México, Diana, 1993.

Laclau, Ernesto, Emancipación y diferencia, Buenos Aires, Espasa Calpe, 1996.

Levi, Giovanni y Schmitt, Juan Carlos (dir.), *Historia de los jóvenes. De la Antigüedad a la Edad Moderna,* Madrid, Santillana/Taurus, 1996.

Luedtke, Luther, *La creación de los Estados Unidos. La sociedad y la cultura de los Estados Unidos,* Servicio Cultural e Informativo de los Estados Unidos, 1990.

Mainetti, José A., *Bioéticas. Éticas en las especialidades médicas,* La Plata, Quirón, 1997.

Miller, Maryann, *Coping with Weapons and Violence in School and on your Streets,* Nueva York, Rosen Publishing Group, 1996.

Mnookin, Robert H., *In the Interest of Children,* Cambridge, PON Books/The Program on Negotiation at Harvard Law School, 1996.

Morello, Raúl, *Rezar hasta la libertad,* Buenos Aires, Paulinas.

Morin, Edgar, *Introducción al pensamiento complejo,* Barcelona, Gedisa, 1997.

Moyano Llerena, Carlos, *El capitalismo en el siglo XXI,* Buenos Aires, Sudamericana, 1996.

National Democratic Institute for International Affairs, *Hacia una nueva relación. El papel de las Fuerzas Armadas en un gobierno democrático,* 1990.

Negroponte, Nicholas, *Ser digital. El futuro ya está aquí, y sólo existen dos posibilidades: ser digital o no ser,* Buenos Aires, Atlántida, 1995

Ortega, Félix, *El mito de la modernización,* Anthropos Editorial del Hombre, 1994.

Pantoja, Luis y Guridi, L., *Drogas, desarrollo y Estado de derecho,* Bilbao, Instituto Deusto de Drogadependencia/Universidad de Deusto, 1995.

Peirefitte, Alain, *La sociedad de la confianza,* Santiago de Chile, Andrés Bello, 1995.

Programa "10.000 Líderes para el Cambio-Formación de Formadores", Alcohol. Manual Instructivo, Secretaría de Prevención y Asistencia de las Adicciones, Gobierno de la Provincia de Buenos Aires.

Programa de las Naciones Unidas para la Fiscalización Internacional de Drogas, *El uso indebido de drogas. Las Naciones Unidas y la fiscalización del uso indebido de drogas,* 1992.

Proyecto Adolescencia Buenos Aires, *Propuesta para un modelo de atención integral asistencial-docente/intra-extrahospitalario,* FUSA 2000 Editora, 1995.

Raffaghelli, Luis y Raffaghelli, Juliana, *Desempleo, exclusión y salud mental en Argentina,* Buenos Aires, Trabajo & Utopía.

Revista española de drogadependencia, volumen 20 y 21, Asociación Científica DROGALCOHOL.

Rifkin, Jeremy, *El fin del trabajo. Nuevas tecnologías contra puestos de trabajo: el nacimiento de una nueva era,* Madrid, Paidós, 1996.

Rodríguez Piedrabuena, J. A., *¿Por qué nos drogamos? Del poder y otras adicciones. Estudio psicoanalítico,* Madrid, Biblioteca Nueva, 1996.

Rogers, Carl, *El camino del ser,* Buenos Aires, Kairos/Troquel, 1989.

Rogers, Carl R., *El proceso de convertirse en persona,* Madrid, Paidós, 1995.

Rojas, Enrique, *El amor inteligente. Corazón y cabeza: claves para construir una pareja feliz,* Madrid, Temas de Hoy, Colección Fin de Siglo, 1997.

Sander, Daryl, *Focus on Teens in Trouble,* Santa Barbara, ABC-CLIO, 1991.

SIDA, hoy, Buenos Aires, Quirón-Fundación Dr. José María Mainetti para el Progreso de la Medicina.

Solanas Pacheco, Yvonne, *Fundamentos sobre prevención,* Buenos Aires, Crecer Creando.

Solanas Pacheco, Yvonne, *Prevengamos. Nivel Inicial, Libro del Maestro,* Buenos Aires, Crecer Creando.

Street Gangas. Gaining Turf, Losing Ground, Nueva York, The Rosen Publishing Group, 1991.

Thurow, Lester C., *El futuro del capitalismo*, Barcelona, Javier Vergara, 1996.

Thurow, Lester, *La guerra del siglo XXI. La batalla económica que se avecina entre Japón, Europa y Estados Unidos*, Madrid, Javier Vergara, 1992.

Tierno, Bernabé, *Aprendo a vivir. Un método práctico para ser feliz*, Madrid, Temas de Hoy, 1996.

Villagra, Carlos Raúl, *Medicamentos y poder. Saquemos patente de inteligentes*, Buenos Aires, Asociación de Farmacias Mutuales y Sindicales de la República Argentina.

Webb, Margot, *Coping with Street Gangs*, Nueva York, Rosen Publishing Group, 1995.

West, Morris, *Desde la cumbre. La visión de un cristiano del siglo XX*, Barcelona, Javier Vergara, 1996.

Wilson, Jan y Judith, *Ad. dic.tion.ary. A Primer of Recovery Terms and Concepts form Abstinence to Withdrawal*, Nueva York, Simon & Schuster, 1992.

ÍNDICE

Se terminó de imprimir en el mes de junio de 1999 en el Establecimiento Gráfico **LIBRIS S.R.L.**
MENDOZA 1523 (1824) • LANÚS OESTE - BUENOS AIRES • REPÚBLICA ARGENTINA